MARCEL POILAY

SOUVENIRS

D'UN

ENGAGÉ VOLONTAIRE

BELFORT (1870-1871)

Préface de MAURICE BARRÈS

de l'Académie française.

Librairie académique PERRIN et Cie.

ÉMILE COLIN ET Cie — IMPRIMERIE DE LAGNY

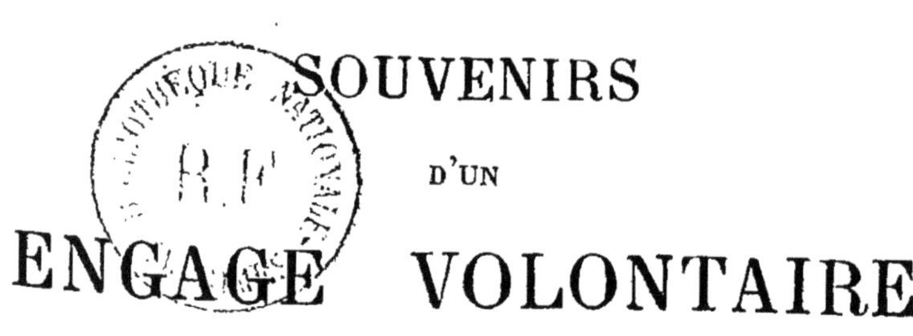

SOUVENIRS

D'UN

ENGAGÉ VOLONTAIRE

BELFORT (1870-1871)

ÉMILE COLIN ET Cie — IMPRIMERIE DE LAGNY

MARCEL POILAY

SOUVENIRS

D'UN

ENGAGÉ VOLONTAIRE

BELFORT (1870-1871)

Préface de *MAURICE BARRÈS*
de l'Académie française.

PARIS

LIBRAIRIE ACADÉMIQUE

PERRIN ET Cᴵᴱ, LIBRAIRES-ÉDITEURS

35, QUAI DES GRANDS-AUGUSTINS, 35

1907

À MON FILS

Avec l'espérance qu'il entendra sonner cette heure de la revanche que ceux de ma génération ont si longtemps, si vainement attendue et qu'il pourra ajouter un chapitre à ces souvenirs que j'ai écrits pour lui.

MARCEL POILAY.

Alexandrie (Égypte), août 1906.

Le succès qui accueillit toujours les journaux de route des soldats de la Révolution et de l'Empire, me fait bien augurer de la destinée de ce petit livre. On n'y trouvera pas, comme dans les récits du canonnier Bricard ou du capitaine Coignet, des narrations de marches victorieuses, mais la notation, au jour le jour, d'événements qui, au milieu de nos défaites, constituent un épisode glorieux. C'est le siège de Belfort qu'on nous raconte ici.

Ces souvenirs sont de l'histoire, et de la plus vivante. On y verra le désordre de notre armée, la rivalité des chefs, l'indiscipline des troupes, mais aussi leur bonne humeur, leur bravoure et leur entrain, enfin le tableau le plus saisissant des souffrances d'une courageuse petite ville sous les boulets de l'ennemi.

La sincérité de ces souvenirs est évidente. Tous les faits rapportés ont été vécus. C'est le journal d'un acteur et d'un témoin. Nulle sensiblerie. Un accent franc et direct. Une émotion profonde et qui ne s'étale jamais.

Dirai-je qu'il n'y a pas de récits de guerre qui m'aient ému comme les dix lignes que voici :

« Roussel (un des camarades de M. Marcel Poilay) fut frappé d'un éclat d'obus à la cuisse et au ventre. Il était près de moi et venait de me raconter qu'un contrebandier se disposant à franchir les lignes ennemies, il avait préparé, pour la lui remettre, une lettre à sa fiancée. Il se vit frappé mortellement et rassembla ses forces pour me dire :

« Prends ma lettre ; envoie-la ! » Mais à la place de sa poche il n'y avait plus qu'un amas de chair à vif et de chiffons sanglants. « Ne la trouves-tu pas ? » insista-t-il, et son regard prêt à se clore, me poursuivait ; il voulait voir « sa lettre » ; — j'usai d'un subterfuge. J'avais, moi aussi, une lettre dans ma poche. Je la pris et la lui montrai en disant : « La voilà ! » Il ferma les yeux... il avait eu cette dernière satisfaction. »

Lisez encore le récit du factionnaire alsacien qui prévoit sa mort cinq minutes avant d'être emporté par un obus, la visite du caporal Pichon au colonel Denfert occupé dans sa casemate à jouer une partie de whist, ou bien les péripéties du combat de Bosmont, l'assaut des Basses-Perches... et vous penserez, avec moi, que ce petit volume est d'une forte tonalité et qu'il faut se réjouir qu'après trente ans écoulés, l'ancien engagé volontaire au 45ᵉ de ligne ait eu la pensée de l'écrire.

Le nom de M. Marcel Poilay, désormais est lié au souvenir de la résistance indomptée de Belfort, et les historiens de ce siège fameux iront chercher dans son livre ces menus faits qui donnent l'impression vraie des événements et comme la couleur des temps.

MAURICE BARRÈS.

SOUVENIRS

D'UN

ENGAGÉ VOLONTAIRE

BELFORT — 1870-1871

I

EN ATTENDANT LES PRUSSIENS

Paris. — Les engagements. — Les adieux. — L'arrivée à Belfort. — Soir de fête. — L'incorporation. — Les recrues. — Le prestige de l'uniforme. Un espion. — La caserne de l'Espérance. — Nos armes. Nos camarades. Nos officiers. — La vie à Belfort. — La République. — Premier séjour aux Basses-Perches. — Expédition à Mulhouse. — Dure étape. — Chez l'habitant. — Thann. — Dernière bonne journée.

Depuis plusieurs jours, les hostilités étaient ouvertes. A l'enthousiasme factice provoqué par l'équipée de Saarbruck et aux commentaires rappelant les exploits surchauffés de « *l'Enfant de la Balle* » avait succédé, dans Paris, l'abattement de la défaite.

Les nouvelles étaient désastreuses ; les dépêches se succédaient lamentables, et la souffrance était d'autant plus cuisante que Bismarck, jouant avec la population parisienne comme le chat avec la souris, nous avait leurrés de folles et mensongères dépêches.

Je me souviens encore de l'effet produit en Bourse par ces nouvelles éclatant comme un clairon de victoire : « L'armée prussienne est défaite. Nous avons pris 50 canons, 40 drapeaux, 20.000 prisonniers, dont le Prince Frédérick-Charles ». La foule, ivre de joie, se ruait sur les boulevards, les drapeaux surgissaient de toutes parts, arborant aux fenêtres et aux balcons, en plis fulgurants, les couleurs victorieuses.

Marie Sasse et madame Gueymard, de

l'Opéra, traversaient le Boulevard Montmartre. On arrête leur voiture, on les acclame. Debout, s'enveloppant dans les plis d'un de ces drapeaux qu'on vient de leur passer, elles chantent la *Marseillaise*.

L'enthousiasme était déchaîné. Jamais, dans leur brillante carrière, ces deux grandes artistes n'avaient été applaudies avec une telle frénésie.

Mais déjà la vérité se faisait jour : des groupes atterrés disaient lugubrement :

— Taisez-vous !... Enlevez ces drapeaux !

Les drapeaux tombaient, et le silence augmentait l'angoisse de la foule consternée qui se dissipait.

Qu'il fut triste, ce soir d'été ! Les boulevards étaient mornes ; quelques groupes déambulaient, silencieux, en quête de nouvelles. Dans les kiosques, on s'arrachait anxieusement les éditions des journaux qui se succédaient.

Le Gymnase était ouvert : on y jouait *Le Fils de Famille*. J'y entrai. Devant une salle presque vide, c'était d'une navrante ironie de voir évoluer, sur la scène, les fantoches de notre armée, d'entendre leurs couplets chauvins qui sonnaient si faux en cette heure de détresse et d'affolement. Je ne restai que quelques instants.

Le lendemain était un dimanche. Une pluie fine, un jour triste et sombre semblaient à l'unisson de l'abattement qui planait sur la ville. Les magasins fermés, les pavés glissants, les rues presque vides augmentaient encore cette impression. Des poseurs d'affiches, le pot de colle en main, une légère échelle sur l'épaule, accomplissaient silencieusement leur fatale besogne, puis se sauvaient en courant, comme honteux de ce qu'ils venaient de faire. Les passants émus se précipitaient, et voici ce qu'ils lisaient :

— L'armée se replie sur Châlons.

— Les Prussiens ont passé le Rhin à Markolsheim.

On osait à peine commenter ces lugubres nouvelles. On échangeait quelques impressions à voix basse. On courait aussitôt à d'autres informations, dans un vague et chimérique espoir de voir démentir ces messages de défaite.

*
* *

On préparait la défense de Paris : les hommes valides s'inscrivaient aux mairies pour faire partie de la garde nationale. Ayant alors vingt-sept ans, je ne me sentais pas la résignation nécessaire pour attendre l'ennemi dans un secteur. D'ailleurs, avec beaucoup d'autres, je ne pensais pas que jamais les murs de la capitale pussent être souillés du contact prussien. Le sol de Paris me brûlait les pieds, je m'entendais invinciblement appeler sur la frontière : je résolus de m'engager, comme on le faisait alors « pour la durée de la guerre ». En me rendant, le lundi matin, à l'Hôtel de Ville, je rencontrai mon ami Georges Delafontaine. Commis d'agents de change, tous deux, nous nous quittions fort peu. Nous faisions partie du Cercle Pigalle déjà presque célèbre. Nous y avions joué la comédie et donné des Revues où nous crossions l'Empire, ainsi qu'il était de mode alors.

L'esprit de nos couplets nous avait valu, dans la presse républicaine, des succès aussi bruyants que vite oubliés, et nous faisions imprimer nos pièces avec de révolutionnaires dédicaces : *A notre ami Henri Rochefort*. Nous avions aussi fourni de notre collaboration divers petits théâtres et alimenté quelques cafés-concerts.

Cette année même, Déjazet nous avait joué une revue : « *On cassera du sucre* ». Elle avait été outrageusement sifflée. Le soiriste Ernest Blum, au lendemain de cette mémorable soirée, écrivait dans *le Rappel :*

— Ce qui m'étonne, c'est qu'on n'ait pas cassé les banquettes sur le dos des auteurs !

Ces alternatives de succès qui ne nous avaient pas grisés et de revers supportés avec une gaie philosophie avaient cimenté entre nous une sincère et durable affection.

— Où vas-tu ? me dit Georges.

— M'engager.

— Alors, moi aussi !

Et nous voici commençant les démarches nécessaires. Ce ne fut pas chose facile : devant une affluence inouïe, les scribes de l'Hôtel de Ville étaient débordés. Après deux jours de sollicitations infructueuses, il nous vint à l'idée d'offrir nos services. Nous voici tous deux, remplissant pour autrui des feuilles d'engagement afin d'avoir le droit de libeller les nôtres.

— Quel régiment voulez-vous? nous dit-on.

— Nous voulons aller avec Mac-Mahon.

En effet, son Corps d'armée ayant été haché à Frœschviller et à Reischoffen, nous pensions que l'on nous enverrait tout de suite au feu, pour combler les vides. Dans notre inexpérience, nous avions compté sans le *Dépôt*, par lequel il fallait passer. Nous choisîmes le 45° de ligne qui avait été le régiment des sergents de la Rochelle, et l'on nous donna Belfort comme destination.

J'avais encore, outre Delafontaine, un excellent ami que notre départ, j'en étais sûr, allait profondément affliger. C'était le peintre Alexandre Leroux, élève de Paul Delaroche. Son atelier de la rue du Delta était un centre où se réunissaient de nombreux amis, alors pleins de jeunesse et d'entrain, parmi lesquels la tradition des charges de rapins se continuait avec toutes ses joyeuses fantaisies.

Leroux était beaucoup plus âgé que ceux qui composaient la bande habituée de son atelier. Bien qu'aussi jeune de caractère que nous-mêmes, sa barbe grise lui donnait l'autorité d'un patriarche.

Il avait connu les grands peintres de l'époque romantique. Sa conversation, pleine de leur souvenir, s'émaillait d'anecdotes charmantes sur une génération déjà presque disparue.

Chaque jour, nous dînions ensemble avant d'aller au Cercle Pigalle où s'achevaient nos soirées.

Depuis les incidents que je viens de raconter, je ne l'avais plus revu.

— D'où viens-tu ? me dit-il, en m'ouvrant la porte de son atelier.

— De m'engager.

— Je m'en doutais... Mais, pourquoi ne

m'as-tu pas prévenu? Où t'es-tu caché tous ces jours passés? Je t'ai tant cherché! Eh bien! moi aussi, je me suis engagé. Seulement, je n'ai pas encore choisi mon régiment, pour être sûr que nous serions ensemble.

*
* *

Ayant encore vingt-quatre heures avant de rejoindre le dépôt, je pensais que cela suffirait à Leroux pour compléter son inscription. Je voulus profiter de ce délai pour aller voir ma mère qui habitait le Perche. Je prévins aussi mes sœurs qui résidaient, l'une au Havre, l'autre à Coulommiers.

Ma mère m'embrassa tendrement et sut

contenir ses larmes pour ne pas amollir mon courage. J'essayai de lui dissimuler que je m'étais engagé.

— Je suis étonnée, me dit-elle, que tu aies été appelé, car tu as été exempté pour faiblesse de complexion et l'on m'avait bien assuré qu'on ne revenait jamais sur un cas d'exemption.

Je me gardai bien de lui dire que, pour cette raison, j'avais éprouvé certaines difficultés à me faire admettre.

J'étais arrivé à près de minuit. Nous restâmes debout toute la seconde moitié de cette nuit. Avant l'aube, mon père faisait avec moi le trajet de huit kilomètres qui sépare la maison paternelle de la petite gare de Bretoncelles.

A Paris, je trouvai mes sœurs et leurs maris. L'un d'eux me déconcerta en me disant :

— As-tu pensé, avant de t'engager, à ton peu d'aptitude aux exercices physiques, à ta débilité ? Sauras-tu seulement tenir et manier un fusil ?

J'avouai que j'avais peu songé à ces détails.

— Viens donc avec moi, au moins, passer une heure au Gymnase Paz : tu y prendras une leçon de maniement d'armes afin de ne pas arriver trop neuf au régiment.

Chez Paz, une foule d'engagés comme moi s'exerçaient. On leur avait donné pour armes de véritables jouets d'enfants, de jolis petits chassepots de bois léger, montés en cuivre.

Après une heure d'exercice, où je fis preuve d'une maladresse notoire, je quittai le gymnase éreinté, brisé de fatigue et toutes mes aspirations belliqueuses évaporées. Ce premier obstacle m'avait démonté. A huit heures du soir, quand nous prîmes le train, Georges et moi, à la gare de l'Est, je fus assailli d'idées noires et victime de sinistres inquiétudes. Le train était bondé. Comme il nous sembla long, ce trajet de près de vingt heures, avec d'énervants arrêts dans toutes les gares ! La nuit surtout fut une nuit de fièvre. — Qu'avais-je été faire dans cette galère ? — A quoi serai-je bon ? — Je ne pouvais tenir un fusil et j'avais la prétention de vouloir défendre mon pays ! — Quelle sotte présomption m'avait donc poussé à faire ce pas de clerc !

Non seulement, je ne servirais à rien, mais je serais un être gênant ! S'il en eût été temps, je serais revenu sur mes pas.

*
* *

Il était près de sept heures quand le train nous déposa dans la gare de Belfort.

Un spectacle curieux nous attendait au dehors.

L'avenue de la gare est remplie d'une foule grouillante de soldats débraillés, déambulant au travers d'un nombre considérable de boutiques foraines chargées de montagnes de saucissons à l'ail et de monceaux de fromage fondant au soleil. Il y a aussi des avalanches d'œufs durs et des éventaires garnis de pêches à un sou le tas, de prunes écrasées, de raisins encore verts sur lesquels plane un épais nuage de mouches bourdonnantes.

Les boutiques les plus entourées sont celles où l'on débite de la bière et du vin à un sou la « choppe ». Je vois que le prix en est souvent payé en nature, avec des pains de munition qui s'entassent en pyramides branlantes en arrière des petites boutiques.

De temps à autre, un cri s'élève, des injures sont échangées, un homme ivre s'ouvre un passage en culbutant à travers la foule.

Mais on entend peu de chansons. Un immense brouhaha, à peine interrompu par une voix avinée, monte de cette masse de soldats dont la densité nous semble augmenter à mesure que nous pénétrons au milieu d'eux.

Il y en a de toutes armes : des artilleurs, des cuirassiers, des hussards et la foule innombrable des lignards. Tous ces hommes qui promènent le désœuvrement d'un jour de fête, ont un visage ennuyé, inquiet, fatigué. Absence complète de tenue : les vestes et les tuniques déboutonnées montrant des chemises sales ; des chaussures, des houseaux blancs de poussière ; le képi en arrière, la cravate dénouée.

Ces soldats avaient déjà subi l'affront de la retraite ! Ils faisaient partie du 7e Corps, celui du général Félix Douay qui venait de se replier de Mulhouse sur Belfort. Ils avaient célébré, pour la dernière fois, la fête de l'Empereur.

Nous étions en effet au soir du 15 août. Dans le désarroi de la défaite, avec le relâchement de la discipline, ils avaient bu sans frein. Je les voyais, par cet éblouissant soir d'été, titubant dans un nuage empourpré qui faisait à cette Kermesse comme un fond d'apothéose.

Voilà donc les hommes avec lesquels j'allais désormais vivre! Comment allier, dans mon esprit, le sentiment de Patrie, les héroïsmes qu'il comporte et l'obligation de la vie commune avec de pareilles brutes?

Je voulus pourtant m'en rapprocher, pénétrer leur mentalité. La curiosité me fit surmonter ma répugnance et, avisant un groupe de fantassins d'allures assez calmes, nous liâmes conversation. Ces hommes n'avaient pas encore eu contact avec l'ennemi, mais ils s'étaient déjà repliés. Ils savaient ce que c'est qu'une retraite précipitée, avec l'encombrement des fourgons sur les routes, les longues marches sans distribution de vivres à l'étape, et les ordres donnés à contresens, et l'impéritie des chefs, leur ignorance. Ils s'étendaient longuement, avec découragement, sur ce premier chapitre d'un désastre dont nous arrivaient les premiers frissons.

Ils citaient, à l'appui de leurs inquiétudes âprement formulées, le fait de ce général qui, à Mulhouse, demandait « dans quelle partie de la ville passait le Rhin ».

J'étais démoralisé. Le bel entrain avec lequel je m'étais engagé faisait place à une angoisse inexprimable. J'entrevoyais l'abîme vers lequel nous marchions avec des soldats qui s'enfuient, des officiers qui ne savent se faire obéir, des généraux ignorant la géographie d'une région qu'ils ont à défendre.

*
* *

Pour ce premier jour, il fallait nous
mettre en quête d'un souper et d'un gîte.
Ce n'était pas chose facile avec un tel encombrement. Les tables d'hôte du Faubourg de
France que nous apercevions si engageantes
à travers les fenêtres ouvertes et garnies de
plats dont le fumet venait jusqu'à nous,
étaient remplies d'officiers. Depuis l'*Ancienne Poste*, où le grand Etat-major se pres-
sait autour des cloches d'argent étince-
lantes sous la lumière des candélabres,
jusqu'aux petites auberges où s'entassaient
les officiers des Postes, des Télégraphes
et de l'Intendance, il était impossible de
trouver la plus petite place.

Après maintes rebuffades, nous fûmes

enfin admis dans la salle à manger de l'Hôtel Lapostolet. Des officiers de cuirassiers occupaient la grande table. Quelques dames se trouvaient parmi eux. Leur présence contribuait sans doute à maintenir la conversation sur un ton modéré. Mais, à l'heure avancée où nous arrivions, on pouvait pressentir que cette réserve allait bientôt dégénérer en bruyantes manifestations.

Déjà la fumée des vins montait au cerveau de ces messieurs qui, par un reste d'habitude, fêtaient la Saint-Napoléon. Le champagne réveillant les sentiments belliqueux endormis chez eux par le premier échec : les cris « à Berlin ! » commençaient à s'élever autour de la table comme à Paris sur les boulevards. Qui donc aurait pu croire que ces officiers venaient de reculer devant l'ennemi ? J'éprouvais un serrement de cœur à entendre ces bravades, à voir cette gaieté.

A côté de nous vint se placer un bon jeune homme des environs de Belfort, avec son frère, caporal au 7e de ligne. Il nous prenait, à cause de nos vêtements civils, pour des habitants de la ville et voulait capter notre bienveillance pour son frère. Il nous invita à partager une bouteille de pommard.

A la table voisine dînaient quelques sous-officiers des Mobiles du Haut-Rhin sur lesquels j'aurai souvent à revenir, car nous fîmes plus ample connaissance et trouvâmes en eux d'excellents amis dont l'affection nous fut précieuse.

Ils se joignirent à nous. Le champagne succéda au pommard et au chambertin. Bientôt, nous fûmes à l'unisson de la gaîté générale. Sans même me souvenir des sentiments de révolte que j'éprouvais à la minute précédente, j'avais subi l'influence de l'air ambiant. Une sorte de courant magnétique m'avait pénétré, mon chauvinisme avait reparu. Je me reprenais à espérer. De nouveau, j'entrevoyais la victoire. Je crois, Dieu me pardonne, que moi aussi j'ai fait chorus et crié « à Berlin ! »

Quand nous sortîmes de table, tout était calme. La retraite ayant sonné, plus un soldat dans les rues. Nous cheminâmes quelque temps dans le Faubourg. Nous vîmes la masse sombre du château dominant la ville. Toute la cavalerie campait sur les berges de la Savoureuse. Sur les coteaux environnant Belfort, à droite et à gauche, devant et derrière nous, les campements de l'infanterie avec leurs grands feux de bivouac qui coloraient les tentes de reflets fantastiques et, çà et là, jetaient un éclair sur les baïonnettes des faisceaux. Après avoir entendu les cris des sentinelles, nous nous endormions, à l'Hôtel Lapostolet, en rêvant à cette vie, si étrange pour nous, dans sa nouveauté, qui allait être la nôtre.

*
* *

Franchissant la porte construite par Vauban, le lendemain, nous faisions notre entrée dans Belfort. Sur la place du Manège, des sergents initiaient de jeunes recrues aux charmes de l'école de peloton. Les uns, en veste de corvée, doublaient les files par quatre et obliquaient à droite ou à gauche dans les angles de la petite place trop resserrée pour ces exercices. D'autres, encore revêtus de leur blouse bleue de paysans, par cinq ou six, regardaient, hébétés, le caporal qui leur répétait, énervé, pour la centième fois : « Tête droite ! tête gauche ! »

— Encore aujourd'hui, nous sommes les

curieux; demain, nous serons les « hébétés ».

Nous nous adressâmes à un officier du 45° dont la mine avenante nous engageait, pour savoir où présenter nos feuilles de route. Il nous répondit avec bonne grâce en nous indiquant un bâtiment qu'il nous dit être « *la Place* ». Au moment d'y entrer, un factionnaire nous barra le chemin en nous disant :

— Parlez au planton !

— Très bien, mon brave.

Nous étions encore en civil et nous trouvions chic de conserver encore des allures protectrices.

— Où est-il le planton ?

— Ça ne me regarde pas, parlez au planton !

Nous nous écarquillons les yeux, nous cherchons à droite, nous regardons à gauche, pas l'ombre de planton.

— Mais, mon ami, puisqu'il n'y a pas de planton, laissez-nous entrer.

—Vous n'entrerez pas ! Parlez au planton !

Cette petite plaisanterie faisait mine de se prolonger et je me demandais comment nous en sortirions, lorsque survint un sergent à qui j'en appelai.

— Ah ! je vois ce que c'est, nous dit-il, en riant de bon cœur, vous avez eu affaire à un nouveau. Il a été de faction hier à la porte du général et il avait pour consigne d'adresser les visiteurs au planton. Il s'est imaginé que cette consigne est immuable.

Un adjudant nous reçut qui nous toisa, examina nos papiers et nous indiqua la caserne où nous trouverions le vaguemestre chargé des formalités de l'incorporation.

Dans une rue sale et mal pavée, que creuse en son milieu un ruisseau noirâtre, au pied du château projetant son ombre imposante, se trouvait la caserne vers laquelle nous nous dirigions. La boucherie militaire était tout proche. Des

soldats, bras nus et la chémise rougie du
sang des animaux, y dépeçaient d'énormes
morceaux de viande qu'attendait la corvée :
une vingtaine de soldats en petite veste,
avec des paniers ou des toiles de tente qui
encombraient la porte.

*
*   *

Sur les marches de l'escalier, les nouvelles recrues attendaient. Jouant des
coudes, je me fis jour et gagnai une embra-
sure de fenêtre d'où j'observai mes nouveaux compagnons d'existence.

Tout d'abord, mon attention fut attirée
par un groupe de jeunes Alsaciens, blonds,
roses et joufflus, l'air fatigué. Ils avaient
fourni une longue marche pour venir de

Schlestadt, de Colmar, de Neuf-Brisach. Ils s'appuyaient lourdement sur leurs bâtons noueux. Ils se couchaient, l'œil à demi fermé, sur de petits paquets rebondis où la bonne mère avait mis, la veille, quelques hardes de rechange. Par un coin du mouchoir à carreaux qui leur tenait lieu de valise, passait un goulot de bouteille. On devinait, aux boursouflures du paquet, un quartier de jambon, un saucisson, des fruits, dernières douceurs du foyer paternel.

Ces Alsaciens se tenaient silencieux. Leur visage était triste et mal résigné, leur regard semblait sonder un avenir gros de menaces. Ils demandaient ce qu'il allait advenir de la chère maison, de la mère, de la fiancée qu'ils avaient quittées le matin même en pleurant.

Près d'eux, formant avec ces jeunes gens un contraste bizarre, blaguaient, avec un entrain plus nerveux que sincère, quelques individus que je reconnus pour la plupart. Nous les avions vus la veille dans le train, ou bien à Paris, au Ministère de la Guerre. En effet, c'étaient des Parisiens. Les uns venaient directement de la capitale. D'autres, dirigés sur Strasbourg, avaient dû prendre une autre direction, à cause de l'investissement de cette place. A les entendre, ces derniers avaient déjà vu l'ennemi. Leur jactance était sans limite : l'un d'eux faisait parade d'un trou à sa jaquette, qu'il attribuait audacieusement à une balle prussienne.

Au bout de quelques instants, je savais que les uns avaient quitté Paris, bien plus par crainte de la misère que par patriotisme, que d'autres sortaient de Mazas : la guerre ayant ouvert la porte de leur prison, le Gouvernement les avait incorporés de force. Leur aspect était pitoyable. Déguenillés, hâves, quelques-uns n'avaient plus de coiffure; leurs pieds sortaient poussiéreux et nus de savates dépareillées. Quand un remous de la foule agitait ces paquets de haillons, un invincible dégoût me faisait frissonner. Avec terreur, je songeais aux gueux de Murillo et à l'occupation de celui du Louvre.

Une troisième catégorie tranchait curieusement sur les deux que je viens de décrire, car elle se composait de quelques anciens soldats rappelés. La plupart avaient revêtu leurs anciens uniformes. Ils regardaient avec mépris ces tristes recrues et, se rapprochant de nous, ils visaient à se rendre intéressants par le récit de leurs aventures de guerre. C'étaient là de braves gens qui devinrent nos camarades. Je me rappelle encore Rissacher dans sa tunique à brandebourgs jaunes de voltigeur de la Garde; Bourniquel, un garde champêtre; le vieux, l'inénarrable Taupin (*sic*), dix-huit campagnes, autant de blessures, soldat de Crimée et de Kabylie, pour qui le « schnaps » est la panacée universelle. Avec lui, la glace est bientôt rompue. La promesse d'une goutte, que nous lui paierons en sortant, nous en fait un ami. Sans plus tarder, pour nous montrer « qu'il n'est pas un menteur », il défait « son ballot » et nous exhibe ses papiers.

Ce n'est pas par misère qu'il s'est engagé. Il a sa pension d'ancien soldat, celle de sa médaille. Il a un bon métier de peintre en bâtiments. Mais il ne veut pas « voir un Prussien en France ». Par quelque action d'éclat, il prétend mériter le ruban rouge qui ferait si bien à côté du ruban jaune dont sa poitrine est ornée.

Il a une énorme blessure à la jambe, et il nous la montre. Sa tête a été à moitié fendue à Balaklava, et il nous la fait toucher. Il a bon pied, bon œil et, ne fût son « amour du schnick, qui l'a toujours empêché d'arriver, il n'en serait pas là aujourd'hui. »

Bonhomme bien amusant, ce vieux Taupin. Débordant d'expansion, il a deviné en nous des « artisses » et veut parler d'art. Pendant la guerre de Crimée, il a été à Athènes : il y a vu « le Protocole ».

Un mouvement se produit, accompagné d'un vigoureux « Silence ! allons, debout, vous autres ! » C'est le vaguemestre. Plus tard, on nous dira « Fixe ! », mais aujourd'hui peu d'entre nous eussent compris.

Le vaguemestre, sans entrer en de longs discours, nous dit :

— Vous serez à la 5ᵉ du 4 (5ᵉ compagnie du 4ᵉ bataillon), Caserne de l'Espérance. Puis, appelant un caporal : — Conduisez ceux-ci au magasin d'habillement.

*
* *

C'était la première étape de notre nouveau métier. En sortant du magasin, nous allions être transformés en guerriers. Le drap du pantalon rouge nous parut bien rugueux, les godillots bien durs, la veste de corvée bien misérable. Ce qui excita en nous un profond dégoût, ce fut la capote. Celles qu'on nous donna avaient certainement servi à plusieurs générations. Les numéros matricules y étaient si nombreux qu'ils se confondaient, l'étoffe en était râpée, les manches d'un modèle ancien et trop étroites se recroquevillaient aux poignets.

Quelles bonnes têtes faisions-nous sous cette défroque! Si seulement, avec elle, nous avions eu un fusil et le coupe-choux à la ceinture, cela eût un peu atténué le ridicule de notre grotesque costume. Mais les armes ne devaient arriver que huit jours plus tard et, pendant cette semaine, nous devions faire l'exercice avec des bâtons. Horreur et humiliation!... Il nous semblait que nous étions en mascarade et que chacun allait rire de nous. Avec un certain étonnement, nous vîmes que notre passage dans les rues n'excitait ni émoi ni curiosité.

Nous avions devant nous un jour de congé. Nous en profitâmes pour visiter la ville et nous enquérir de notre ami Leroux qui pouvait arriver d'un instant à l'autre.

L'église attira d'abord notre flânerie. On était en train d'en faire un magasin de vivres. Les farines destinées à Strasbourg et détournées de leur destination par le siège avaient été dirigées sur Belfort. Le déchargement s'en effectuait.

Les nuages blancs échappés des sacs, dissimulant les murs et les voûtes, ne nous privèrent d'aucune jouissance artistique. Sauf une assez belle grille en fer forgé, l'intérieur de l'église était d'une rare banalité. Nous allions en sortir, lorsque le bruit d'une bagarre sur le parvis nous fit hâter le pas. On criait :

— A l'eau !... à l'eau !... à mort l'espion !

Des charretiers, des portefaix bousculaient un monsieur bien mis qui gesticulait et criait sans parvenir à se faire écouter. En approchant, nous reconnûmes notre ami Leroux, fort mal en point au milieu de ces forcenés qui le prenaient pour un espion.

Pour la première fois, je me rendis compte du prestige de l'uniforme. Ce que les protestations indignées de Leroux, ce que la vue de sa feuille de route qu'il brandissait en vain aux yeux de ses agresseurs n'avaient pu obtenir, nous l'obtînmes sans trop de peine, grâce à cette capote burlesque dont nous avions tant ri la minute d'avant.

— C'est peut-être vrai, ce qu'il dit ?

— Eh oui ! ben sûr que c'est vrai, puisque voilà des soldats qui le connaissent !

Machinalement, je me détournai pour

chercher « les soldats ». Il était question de nous !

Il faut avouer que Leroux n'avait rien négligé de ce qui pouvait justifier l'agression dont il venait d'être victime. Avec son veston de velours, sa cravate nouée négligemment, son feutre rembranesque, il ne pouvait passer inaperçu. Ajoutez que, voyant un sujet de tableau dans ce déchargement de farine sous le porche d'une église, il avait atteint son carnet et prenait rapidement un croquis (1). A cette époque où tout était matière à suspicion, il n'en fallait pas plus pour éveiller les colères du patriotisme. Nous étions arrivés à temps et le tirions d'un bien mauvais pas.

(1) Avant son départ, *L'Illustration* l'avait prié de lui envoyer des dessins sur la guerre.

*
* *

Le soir venait. Bien que Leroux ne fût pas encore incorporé, il voulut partager avec nous les douceurs d'une première nuit à la Caserne de l'Espérance.

Caserne, mot bien ambitieux pour la partie du bâtiment qui devait nous abriter ! C'était tout simplement un grenier immense et ouvert à tous les vents. J'y cherchai en vain quelque chose qui eût apparence de lit. Nous avions simplement le sol nu pour allonger nos membres et rien pour reposer notre tête.

— A la guerre, comme à la guerre ! nous dit le caporal de chambrée, un vieux dur à cuire, vétéran de Crimée et d'Italie.

Il était aguiché par les bidons de fantaisie que nous portions en bandoulière et que nous avions remplis d'un excellent cognac, avant de quitter Paris. Aussi eûmes-nous de ce vieux « Buzon » — il s'appelait Buzon ! — les plus aimables prévenances.

La réputation de notre cognac fit rapidement le tour de l'escouade. Après Buzon, se présentèrent les connaissances de la matinée, y compris les parisiens Taupin, Desrois, Serpinet. Le contenu de nos gourdes fut apprécié. Une heure de conversation et elles étaient vides !

Heureusement que nos porte-monnaie étant assez garnis, le lendemain matin nous pûmes offrir, à trois reprises, la tournée de la cantinière à toute l'escouade.

Dès l'aube, en plein brouillard, à l'heure de la Diane, sur le bastion de l'Espérance, on vit arriver les cantinières qui débitaient l'eau-de-vie de marc, à un sou le verre.

Nous fûmes donc généreux à peu de frais, et ces générosités nous firent des amis.

La plate-forme où s'effectuaient ces libations était de plain-pied avec le grenier où nous avions dormi. On accédait à ce grenier par un escalier pratiqué dans la muraille. Du parapet de cette plate-forme, on planait sur les dégagements de la caserne.

— Venez, venez donc voir !

C'était Georges qui nous appelait. De ce parapet, il nous invitait à contempler le soldat préposé à la préparation des gamelles.

Au pied d'un mur noirci de fumée grasse, un bidon non moins noir et non moins gras vacillait, en équilibre instable, sur deux amas de briques. Un feu de broutilles humides dégageant plus de fumée que de calorique chauffait l'horrible chose qui cuisait là-dedans.

Sale, la figure maculée de taches innomables, coiffé d'un bonnet de police répugnant rabattu sur ses oreilles, le soldat agitait la soupe avec un bout de bois quelconque. Nous le vîmes aussi préparer les gamelles.

Elles lui étaient revenues encore sales du repas précédent. Pour tout lavage, il les plongeait dans une bassine d'eau froide et les étalait sans les essuyer afin de les remplir de l'inquiétant contenu de ses marmites fumantes. Saisissant alors quelques pains de munition dans ses mains grasses et noires, il en arrachait des morceaux informes qu'il jetait dans chaque gamelle. Là-dessus, il allait verser la soupe, c'est-à-dire le liquide souillé dans lequel bouillaient tout doucement, depuis une heure, un morceau de viande et quelques pommes de terre.

Nous nous regardâmes désespérés.

— C'est là ce que nous allons manger ?

— Hélas !

— Ah! non, moi, je ne peux pas! Tout

ce qu'on voudra ! Du pain sec ! Mais pas ça !

Notre colloque avait éveillé l'attention de nos nouveaux amis. Taupin prit la la parole :

— Après l'exercice, nous dit-il, vous serez libres jusqu'à l'appel de midi. Vous êtes des messieurs, vous, et nous comprenons que vous ne puissiez pas manger cela. Seulement, en échange de mon avis, si vous voulez me gratifier d'une de vos gamelles, vous me ferez grand plaisir.

Ce fut fait. Pendant cette première série du séjour, Taupin, Desrois et Serpinet mangèrent nos trois gamelles.

*
* *

Avec quel plaisir nous nous retrouvions dans l'hospitalière et engageante salle à manger de l'Hôtel Lapostolet. Nous y étions soignés par de petites servantes accortes et délurées, gentilles à croquer sous leur coiffure alsacienne. Pour 1 fr. 25 le déjeuner, 1 fr. 50 le dîner, nous avions d'excellents repas arrosés du petit vin gris d'Alsace qui pétille et rend gai.

Dans ce restaurant, nous revîmes les jeunes mobiles du Haut-Rhin, pour qui, dès le premier soir, nous nous étions pris d'amitié. Ils appartenaient aux premières familles de Mulhouse, les Kœchlin, Dollfus, Haensler, Merklen, Blind, Dormoy, etc. (1). Ils se montrèrent pour nous d'inappréciables amis et témoignèrent surtout à Leroux une cordiale et vive sympathie. Ils lui trouvaient la figure martiale et l'appelèrent « Général », nom qu'ils lui donnèrent pendant toute la campagne.

(1) J'ai conservé des relations avec MM. Haensler et Merklen. Il n'est guère de bonheur plus grand pour moi, que de les rencontrer et de nous remémorer les heures passées de compagnie pendant cet inoubliable siège.

Les premiers jours furent occupés par notre initiation au métier de soldat. Nous prenions un aussi vif intérêt à étudier le caractère de nos nouveaux camarades. Sauf de rares exceptions, nous ne trouvâmes que d'excellents cœurs et de braves garçons qui devinrent pour nous de véritables amis. J'ai déjà parlé de Buzon, Taupin, Desrois et Serpinet; nous allions encore nous lier avec le brave sergent corse Loviconi, avec les caporaux Roussel, Saunier, Léraud. Par contre, dès le premier jour, nous avions pu deviner un ennemi dans le sergent Froideval, haineux, rongé d'envie, qui ne nous pardonnait pas de pouvoir échapper aux servitudes d'une stricte discipline. Il enrageait surtout de nous voir prendre nos repas au dehors. C'est à lui que nous dûmes, plus d'une fois, certains resserrements de consigne qui nous empêchaient les sorties du quartier. Dans ce cas, nous prenions nos repas à la cantine où l'on était assez bien, pour une somme insignifiante.

Notre premier lieutenant fut un jeune officier de Saint-Cyr qui portait encore l'uniforme de l'École. Il ne resta que peu de temps avec nous et partit pour l'armée des Vosges avec Cambriels. Ensuite, ce fut le lieutenant Marquet, sorti du rang, toujours en amitié avec son ancien collègue Froideval et qui opposa une certaine résistance au courant de sympathie que nous montraient la plupart de nos officiers.

Parmi ceux-ci, j'envoie un souvenir ému au capitaine Aillet, homme excellent, vraiment le père de ses soldats. Pour nous, il fut un ami et un protecteur incomparable.

Le capitaine Duplessis qui lui succéda, lorsque Aillet fut nommé major, était un homme d'une correction parfaite, à l'abord un peu froid, mais juste et bon. Quant au capitaine adjudant-major Livergne, homme des plus distingués et excellent cavalier, il réalisait à mes yeux le type du bel officier du Second Empire qui avait dû faire très bonne figure à Compiègne ou aux Tuileries.

Nous avions plus rarement l'occasion de voir notre commandant Gély, ancien soldat d'Italie et de Crimée. Dans une de ses campagnes, il avait perdu un œil bien malencontreusement remplacé par un œil de verre qui le défigurait terriblement quand on le voyait de près. De loin, à cheval, à la tête de son bataillon, je le trouvais superbe. Bien campé sur son cheval, le sabre nu en main, quand il parcourait au galop notre champ de manœuvres, sa silhouette rapide me rappelait ce général qui, dans la toile d'Yvon, traverse d'une si crâne allure le champ de bataille de Magenta.

La place de Belfort était alors commandée par le général de Chargère. Ce général avait un fort beau passé. Son nom est inscrit en bonne place dans les fastes de la guerre de Crimée. Mais, en 1870, il n'était plus qu'un vieillard décrépit, grand fumeur de cigarettes, sans esprit de décision, dépourvu de l'initiative indispensable au commandant d'une place aussi importante que Belfort. Je crois le revoir encore, quelques jours après mon arrivée, visitant, avec son état-major, la ligne intérieure des fortifications. La fière démarche, la tournure martiale des officiers composant cet état-major faisaient d'autant plus ressortir la caducité du général. Un képi aux feuilles de chêne brodées découvrait sa nuque couperosée que parsemait un rare duvet incolore qui lui donnait une vague apparence d'oiseau plumé. Il sautillait plutôt qu'il ne marchait. Je devinais, à l'air de résignation morne et sombre de ceux qui l'écoutaient, que les ordres qu'il pouvait donner étaient amèrement discutés dans leur for intérieur.

*
* *

Insensiblement, l'exercice, la vie régulière firent de moi, au point de vue physique, un tout autre homme. Lorsque, déménageant de l'Espérance, le sergent me jeta sur le dos le sac du caporal Buzon alors absent, je tombai sous le poids. Quelques jours après, appelé à la corvée de la réception des chassepots, j'en eus cinq à porter et m'en acquittai fort bien. Mes camarades et moi manœuvrions parfaitement. Cette vie saine, régulière, déchargée de tout souci d'existence, de toute responsabilité, nous plaisait. Nous devenions de très bons petits soldats.

Je connaissais à fond le montage et le

démontage de l'arme et j'affectionnais mon chassepot. Il portait le N° 17.893, chiffre que je décomposais ainsi : 1789 et 93, trouvant dans ces deux dates une concordance chère à mon âme républicaine.

Chaque matin, exercice. Après midi, théorie, astiquage des armes et du fourniment. Vers cinq heures, nous étions libres jusqu'à l'appel du soir. Nous mettions à profit les premières de ces minutes de loisir en faisant notre correspondance. Pour cela, nous avions élu domicile dans un café dont le premier étage était réservé aux officiers.

Ce café, où nous trouvions une petite salle tranquille, était tenu par une dame veuve, ancienne institutrice dans une grande famille russe, madame Anselme, qui vivait là avec son père, M. Boltz, vieil Alsacien que nous prenions plaisir à faire parler de sa jeunesse. Ayant habité Paris au plein épanouissement de la période romantique, il y avait connu Bouchardy, Dennery. Collaborateur de Victor Ducange à la célèbre pièce « *Trente ans ou la vie d'un joueur* », M. Boltz nous racontait de piquantes anecdotes sur Frédéric Lemaître, Bocage, mademoiselle Georges. Aujourd'hui, il partageait ses loisirs entre ses livres et son jardin. Nous avions trouvé là les amis les plus dévoués dans la maison la plus hospitalière. Afin d'éviter les lenteurs des distributions par le vaguemestre, nous nous étions fait adresser chez eux notre courrier. Le jour où les communications furent coupées et qu'il nous fut impossible de recevoir des fonds, madame Anselme nous prêta tout ce qui nous était nécessaire. Grâce à cette excellente femme, nous pûmes éviter les dures privations d'un temps de siège.

Leroux avait reçu son uniforme. Arrivé après nous, il était bien mieux partagé. Au lieu d'une capote usée comme les nôtres, celle qu'il reçut était superbe, toute neuve avec des manches longues et larges dont il se servait comme d'un manchon, par les jours de grand froid. Elle excitait prodigieusement notre envie, à Georges et à moi.

Un matin, au retour de l'exercice, on commande : Sac au dos ! Apprenant la nouvelle que les Prussiens étaient à Mulhouse, le général de Chargère, interrompant son éternelle cigarette, avait tourné la tête et dit :

— Ah ! les Prussiens à Mulhouse ? En êtes-vous sûr ? Eh bien ! que le 45° mette sac au dos !

Et le général avait repris sa rêverie en allumant une cigarette.

A deux heures, nous étions encore « sac au dos ». A trois heures, de même. A quatre heures, deuxième nouvelle :

— Les Prussiens sont à Altkirch.

Donc, ils se rapprochaient.

— Que le 45ᵉ reste au quartier, ordonna le général de Chargère.

Nous étions désolés. Un instant, avoir eu l'espoir de nous mesurer avec l'ennemi. Partir à Mulhouse, en chasser les Prussiens, quelle gloire !... Car nous ne pouvions mettre en doute que l'armée ennemie ne tiendrait pas un jour devant nous. Renoncer à cette joie nous anéantit.

Bientôt, nous apprîmes qu'une pétition avait circulé en ville, réunissant les signatures des principaux habitants et demandant le changement du général de Chargère. Je ne sais si la pétition y fut pour quelque chose, mais, quelques jours après, le général Cambriels était appelé au commandement de la place.

*
* *

Un jour, au moment où nous rentrions au quartier, après notre déjeuner à l'Hôtel

Lapostolet, une grande animation régnait sur la place. La consternation, l'indignation se lisaient sur tous les visages.

On se montrait une affiche manuscrite sur les murs de l'Hôtel de Ville : « Sedan est pris. L'Empereur est rendu. L'armée « est prisonnière : 100,000 hommes, tous « nos drapeaux, tous nos canons !... »

Quelques officiers d'artillerie entouraient l'affiche. Nous ne pouvions en approcher, mais nous entendîmes l'un d'eux qui disait. — C'est impossible! C'est une « fausse nouvelle! 100.000 hommes ne se « rendent pas ainsi. Il faudrait être un « lâche! L'Empereur n'est pas un lâche! Un autre officier, reconnaissable à sa haute taille, à ses larges épaules pour le lieutenant-colonel Sauterot, gendre du maréchal Magnan, se détournait, la physionomie indignée. J'ai encore dans l'oreille le son de sa voix disant, au comble de l'irritation : — C'est faux ! faux ! archifaux !

Un voile de tristesse s'était répandu sur la ville. On se refusait à croire à un pareil désastre. Ce soir-là, il n'y eut ni rires ni plaisanteries à la chambrée.

Le lendemain, autre dépêche : *La République est proclamée !*

Alors, ce fut comme un éclair dans un ciel sombre. Une immense acclamation salua ce mot magique, ce mot réconfortant qui nous arrivait, portant avec lui les souvenirs de 1792, des engagés volontaires, des armées nationales repoussant l'étranger.

Les désastres étaient oubliés. Une ère nouvelle allait commencer. Tous les cœurs s'ouvraient à l'espérance.

Une collecte fut faite dans la chambrée. Quelques minutes après, à la fenêtre du milieu, flottait un superbe drapeau tricolore sur lequel mes camarades m'avaient chargé d'écrire en grosses lettres :

VIVE LA RÉPUBLIQUE

— Voulez-vous bien enlever cela ! s'écria le sergent Froideval, je vais vous en f... moi de la République !

— Ne touchez pas à ce drapeau !

Toute la compagnie, formant un rempart devant lui, s'apprêtait à le défendre. En face d'une telle unanimité, Froideval ne fut pas brillant. Tête basse, nous foudroyant en dessous de son vilain regard, il fit une piteuse retraite.

Le drapeau nous fut laissé jusqu'au lendemain.

Ce jour-là, à l'appel de midi, le capitaine Aillet nous informa officiellement de la proclamation de la République. Il nous dit quelques mots sur nos devoirs envers le nouveau gouvernement. Il nous fit comprendre que des manifestations individuelles, permises à la population civile, étaient hors de saison dans l'armée et constituaient une faute grave contre la discipline.

En disant ces mots, il jetait les yeux sur notre drapeau dont les plis flottaient au-dessus de sa tête. Aussitôt l'un de nous se détacha et le drapeau fut amené. Le sergent Froideval, qui s'était promis la joie d'une large distribution de salle de police et de prison, en fut pour sa déconvenue. Mais, quels regards il nous lança et quels grognements il proféra lorsque nous passâmes près de lui, triomphants et gouailleurs!

Vers cette époque, nous fîmes notre premier séjour aux Basses-Perches. Ces deux redoutes des Hautes et Basses-Perches qui, dans la défense de Belfort, eurent un rôle si important, sont l'œuvre du colonel Denfert.

Longtemps paralysé dans son initiative, ce fut seulement après le départ du général de Chargère, avec l'aide du colonel d'artillerie Crouzat qui devait, lui-même, après le départ de Cambriels pour l'armée des Vosges, commander momentanément Belfort, que Denfert put donner suite à ses projets.

Rien n'était terminé. Tout se trouvait encore à l'état embryonnaire. Les casemates n'existaient pas. La poudre n'avait pas d'abri. Les épaulements étaient à peine commencés. Il fallait pourvoir aux plates-formes, aux embrasures, etc., etc. Toute l'infanterie fut appelée à manier la pioche et la brouette pour mener à bien une œuvre qui fut peut-être la plus heureuse conception de la défense, car il n'y avait pas à Belfort assez de soldats du Génie.

Étant commandés par des officiers et sous-officiers de cette armée, nous n'avions à espérer d'eux aucune des faveurs auxquelles les caporaux du 45e nous avaient insensiblement habitués. On trouva parfois nos brouettes insuffisamment chargées, nos coups de pioche bien maladroits. Cela nous fut dit assez durement. Mais, force fut bien de voir que nous donnions notre maximum d'efforts et l'on cessa d'exiger de nous plus que nous ne pouvions faire.

A cette date, nous dûmes abandonner l'Hôtel Lapostolet et nous mettre au régime de la gamelle. Eh bien ! cela ne nous parut pas trop dur. On nous distribuait encore de la viande fraîche. Le pain était bon. Nous avions régulièrement nos rations de vin excellent et d'eau-de-vie. Par la suite, nous eûmes de plus mauvais jours. Aujourd'hui, le grand air aiguisant notre appétit, nous faisions honneur à cette gamelle tant redoutée.

Coup sur coup se produisirent le départ du général Cambriels, la nomination du général Crouzat au poste de commandant supérieur et l'ordre au 45ᵉ de se rendre à Mulhouse. Les Prussiens y avaient fait des réquisitions, puis s'étaient retirés. Le commandant supérieur jugeait utile de faire une démonstration.

Nous étions au comble de la joie. Avant

de la connaître officiellement, la nouvelle nous en avait été apportée par nos amis Haensler et Merklen qui avaient des intelligences dans l'État-Major. Merklen nous remit une lettre pour sa mère en nous recommandant d'aller lui porter des nouvelles.

*
* *

Nous fîmes le trajet en chemin de fer. On nous installa dans une grande caserne. Aussitôt qu'il nous fut possible d'en franchir les portes, nous courûmes chez madame Merklen qui nous questionna longuement sur son fils et nous invita à souper, ce qui ne laissa pas de nous enchanter. De retour à la caserne, nous trouvâmes le quartier consigné. Cette consigne avait été établie en vue des nombreux Alsaciens qui composaient la majeure partie de notre 45e. On voulait leur éviter l'entraînement, les tentations d'une ville où chacun d'eux comptait nombre de parents et amis, les dangers d'une nuit de débauche.

Sans résignation aucune, nous nous disposions donc à manger tristement notre gamelle. Force était de faire notre deuil des plaisirs que nous réservait Mulhouse et sur lesquels nos amis de l'Hôtel Lapostolet nous avaient savamment documentés, mais la déception était dure. Nous récriminions amèrement lorsque, à notre grande et très joyeuse surprise, nous vîmes apparaître notre ami Haensler, celui qui arrivait toujours au bon moment, celui que nous appelions notre Providence, notre *Petit manteau bleu*.

Nous ayant précédés à Mulhouse et sachant la mesure dont nous étions victimes, il avait vainement cherché nos officiers pour faire lever notre consigne. Afin d'adoucir cette déconvenue, il arrivait chargé de provisions : du filet froid, un superbe poulet, des fruits et deux bouteilles de Pommard. Ce bon Haensler, quel concert d'action de grâces s'éleva, de nos cœurs, vers lui !

Nous eûmes donc l'ennui de ne voir, de Mulhouse, que le très court chemin qui sépare la caserne de la chaussée de Dornach. Le lendemain, notre déception s'aggrava encore de bien pire façon. Tous ces Alsaciens qui provoquèrent les sévères mesures du jour précédent, connaissaient les moindres détours de la ville. Les issues de la caserne n'avaient pas de secrets pour eux. Aussi, dès la nuit venue, qui escaladant un mur, qui enjambant une fenêtre, tous s'échappèrent. Il fallut former des patrouilles, en pleine nuit, et faire la chasse aux délinquants qu'on attrapait par bandes dans les brasseries, les cafés ou les maisons hospitalières. Fâcheuse besogne qui ne s'accomplit pas sans de sérieuses bagarres et de violentes rixes dans lesquelles intervinrent parents et amis de nos recrues.

*
* *

Comme conséquence, le lendemain, par un chaud soleil de septembre, on nous fit partir pour une destination inconnue. Etape de punition, nous fut-il dit. C'était notre première longue marche. Georges, remplissant les fonctions de fourrier à l'arrière-garde, avec les bagages, fit le trajet en voiture. Bien que Leroux et moi redoutions cette longue course, nous nous étions promis de marcher courageusement. Pour nous, c'était l'occasion de faire nos preuves de vaillants soldats et nous ne voulions pas fléchir.

Au début, tout allait bien. Nous étions près du bon capitaine Aillet dont l'œil bienveillant nous suivait et nous réconfortait. Nous avions à cœur de nous montrer dignes de l'intérêt qu'il nous portait. Mais, comme ce sac nous pesait sur les reins, comme ce fusil nous écrasait l'épaule ! Combien durs les godillots quand on sent venir les fatales ampoules !

Le soleil dardait. Nous cheminions sur une route blanche dont la réverbération nous brûlait les yeux tandis qu'une poussière intense nous desséchait la gorge. De chaque côté de la route, de superbes vignobles étageaient leur luxuriante végétation. Des grappes dorées, aux grains rebondis presque à portée de la main, excitaient notre convoitise. Hélas ! défense expresse de pénétrer dans les vignes.

Nous commencions à perdre notre avance. Leroux marchait encore, mais je ne savais plus quelle position donner au fusil dont le poids m'accablait. Le sac me tirait en arrière et alourdissait mon pas. Quand le capitaine voulait voir comment nous nous comportions, il lui fallait regarder derrière lui. Nous l'entendions crier :

— Eh bien ! Leroux ! Poilay ! Ça ne va donc pas ? Allons, voyons, un petit effort !

Nous remontions, d'un « han » vigoureux, le sac sur nos épaules et nous changions de main notre fusil.

— Voilà ! voilà ! mon capitaine, ça va très bien.

— Comment trouvez-vous ces raisins ? Ils sont beaux, n'est-ce pas ?

— Ah ! mon capitaine, ce n'est pas charitable à vous de nous tenter ainsi, quand vous-même nous avez si bien mis en garde contre le fruit défendu.

Et le capitaine, avec son bon sourire :

— Sergent Loviconi, allez donc, sans trop vous faire voir, nous cueillir quelques grappes de ce beau raisin.

Loviconi, avec une prestesse sans égale, escalada le talus et remit au capitaine quatre ou cinq grappes qu'il nous partagea. Elles nous parurent plus belles, plus réjouissantes à l'œil que les plus somptueux produits exposés chez Potel et Chabot.

La saveur de ce fruit juteux m'avait ragaillardi. Je me repris à marcher vigoureusement. Hélas ! ce ne fut qu'une excitation de courte durée et bientôt la fatigue eut raison de ma résistance.

Si encore nous avions su où nous allions !

Mais rien ne nous renseignait. Les villages que nous traversions étaient nombreux. A chaque clocher que nous apercevions, nous disions : — C'est là ? On traversait le village sans s'y arrêter et l'on s'hypnotisait sur un autre clocher qui nous ménageait la même déception.

Nous escortions un convoi d'artillerie dont les chevaux s'emballaient parfois. Il nous fallait alors courir du même pas. D'autres fois, la dernière voiture s'arrêtait et nous devions en faire autant. Puis, comme elle repartait au galop pour rejoindre les autres, nous prenions le pas de course. La poussière devenait intolérable. J'avais la gorge en feu, mes tempes battaient, tout tournait autour de moi.

De bien loin, j'avais perdu le capitaine : Leroux lui-même m'avait laissé en arrière. Je marchais automatiquement, tout s'embrumait dans un vague tourbillon. Je m'étais rapproché du fossé qui longeait la route, l'herbe rase dont les bords étaient tapissés m'étant plus douce aux pieds que la route caillouteuse. Et voilà que... tout de mon long, je m'abattis sur la pente gazonnée !

Quand je revins à moi, il faisait presque

nuit. Georges me soutenait ; il approchait de mes lèvres quelques gouttes de kirsch contenues dans ma propre gourde auxquelles je n'avais pas songé.

Pour me secourir, mon ami Georges s'était laissé distancer par sa voiture de bagages. Fort heureusement, nous n'avions plus qu'un court chemin à faire. Mieux renseigné que je ne l'étais, il me montrait les premières maisons du village où nous allions nous arrêter : *Burnhaupt-le-haut.*

*
* *

Nous logions par escouade. Les paysans nous couchaient généralement dans leurs granges et ne nous ménageaient pas une ample provision de paille fraîche ou de foin odoriférant.

Ce soir-là, dans la grande maison claire aux boiseries de chêne à mi-hauteur du mur blanc, toute une famille était assise autour d'une longue table. On venait d'apporter, dans une large soupière en fer battu, une soupe à l'oignon et au pain bis dont l'âcre fumet surexcitait notre appétit.

Nous montrâmes notre billet de logement. Aussitôt ces braves gens se levèrent et nous invitèrent à nous asseoir sur les bancs qu'ils quittaient.

— Nous ne voulons pas vous déranger, leur dis-je. Nous ne vous demandons qu'un abri et de la lumière. Hors cela, nous avons tout ce qu'il nous faut.

Mais, nous faisant asseoir de force, ils nous prièrent d'accepter leur modeste souper. Pour nous, ce fut un festin. Outre la soupe à l'oignon, on mit sur la table un plantureux gâteau de pommes de terre bien rissolées et une salade de chicorée amère à l'huile de noix. Tout cela nous parut délicieux. Nous étions profondément touchés de cette cordiale hospitalité. Le lendemain, j'étais complètement reposé de ma fatigue de la veille. Bien m'en prit, car, dès la pointe du jour, il fallut nous remettre en marche, heureusement pour une faible distance. Nous allions camper sous la tente dans un champ voisin de ce charmant village de Burnhaupt-le-haut. Nous y passâmes quelques jours qui m'ont laissé un agréable souvenir. Des Prussiens, pas la moindre nouvelle. Depuis leur coup de main sur Mulhouse, il n'en était plus question.

*
* *

Dans ce village, nous étions tout près de

la jolie ville de Thann. Je proposai à Leroux d'y aller passer un dimanche. Georges étant toujours en fonctions de fourrier, sa grandeur l'attachait au... camp. Munis de la permission du capitaine, nous partîmes à la pointe du jour.

Il y avait plus qu'une simple curiosité pour nous entraîner vers Thann. J'y possédais un ami, riche industriel, M. Haffner, à qui je comptais emprunter quelque argent, car la lettre chargée que nous attendions, la semaine précédente, n'était arrivée à Belfort qu'après notre départ pour Mulhouse. Mais, je jouais de malheur : M. Haffner, commandant de francs-tireurs, était à la tête de sa compagnie campée à Massevaux. Sa maison était vide, si bien que nous étions en singulière posture pour faire la fête. Et cependant, que de tentations autour de nous !

Thann avec ses jolis monuments, sa tour horizontale, son église au portail si original, ses vieilles maisons aux pignons sculptés, ses enseignes si curieusement enjolivées, semble une ville de rêve, un décor de théâtre. Il y avait, ce jour-là, je ne sais quelle fête dont la guerre n'empêchait pas la célébration. Les vitrines des pâtissiers, les étalages des hôteliers étaient remplis d'engageantes tartes de mirabelles aux tons d'or bruni. De nombreuses boutiques regorgeaient de jambons, de cervelas, de galantines.

Tantale n'eut jamais à supporter plus de suggestives tentations que les deux pauvres soldats que nous étions.

En retournant nos poches, nous n'arrivions pas, à nous deux, à compléter plus de douze sous.

Alors nous établîmes notre budget.

Quatre sous de charcuterie, quatre sous de pain, et, pour boisson, l'eau répandue généreusement par la jolie fontaine en fer forgé devant l'église. Quatre sous nous resteraient pour le repas du soir. Quelques bourgeois s'approchaient de nous, hésitants. Ils avaient tout à fait mine de vouloir nous faire quelque invitation. Mais, nous avions scrupule à laisser deviner notre misère, et la froideur avec laquelle nous accueillîmes leurs avances les déconcerta.

Cependant nos uniformes causaient un certain émoi : les curieux accouraient en nombre et une bande d'enfants nous suivait, très indiscrète.

Nous voulûmes, pour échapper à leur gênante curiosité, prendre un sentier montueux conduisant sur la plate-forme où se trouve cette étonnante tour qui fut renversée, sans que ses pierres se soient désagrégées et dans laquelle on peut passer comme dans un grand cylindre creux. Pour y parvenir, il faut gravir les jolis coteaux plantés de vigne qui entourent la ville. Nous en étions déjà assez loin. Déjà les maisons en bordure du chemin devenaient rares. Tandis que nous passions devant une pauvre cabane, une femme en sortit, les yeux hagards, la figure convulsée.

— Des soldats! Des soldats! criait-elle. Venez! Entrez dans ma maison! Donnez-moi des nouvelles de mon fils! Il est à Metz! Vous l'avez sûrement vu!

Une voisine était là, qui nous dit à voix basse que cette pauvre femme avait un fils dans l'armée de Bazaine. Son mari étant mort la semaine précédente, sa raison n'avait pu résister à cette nouvelle épreuve.

— Promettez-lui de voir son fils et de le lui ramener, nous disait la voisine.

Nous ne nous prêtions qu'à regret à cette triste comédie, mais la malheureuse nous comblait de bénédictions, nous prenait les mains qu'elle embrassait, les baignant de ses larmes.

— Que voulez-vous? nous disait-elle,

que puis-je vous offrir ? Voulez-vous du vin ?

Nous expliquâmes à la voisine que notre ambition se bornait à pouvoir pénétrer dans les vignes au milieu desquelles nous nous trouvions et y grapiller à notre loisir.

Malheureusement, nous nous heurtions à une défense formelle. Personne, pas même le propriétaire, n'a le droit de cueillir du raisin avant le jour de la vendange.

—Attendez, nous dit-elle, je vais vous conduire chez des gens où vous trouverez à souhait ce que vous désirez.

*
* *

A quelques pas de là s'élevait une jolie maison bourgeoise aux murs blancs, au toit d'ardoises. Des massifs de roses, de

dahlias et de reines-marguerites la précé-
daient. En arrière, une vigne aux feuilles
déjà rougissantes escaladait le coteau, faisant un fond merveilleux à ce gai tableau.

Aux appels de notre conductrice qui
criait : — Monsieur Fichter! Monsieur
Fichter! une bonne et robuste figure
apparut au balcon du premier étage, entourée d'une foule de têtes curieuses et engageantes de jeunes femmes et d'enfants.

— Qu'est-ce que c'est? Des militaires?
Entrez, mes amis! Soyez les bienvenus!

Comme s'ils avaient pu deviner ce que
nous demandions, une jeune fille était descendue, une corbeille à la main, pleine de
pêches et de raisins.

— Prenez, Messieurs, nous disait-elle,
prenez-en beaucoup! Prenez tout!

Mais, du balcon, le chef de la famille :

— Non! non! ma fille! Pas comme cela!
Fais-les monter! Des soldats qui viennent
défendre nos foyers! Qu'ils s'assoient à

notre table! Venez, mes amis! Venez boire et manger avec nous!

Le moyen de dire non? Tout émus de ce chaud accueil, nous étions montés au premier étage et nous nous trouvions dans une grande pièce exceptionnellement aménagée en salle à manger. On était au dessert : vingt à vingt-cinq personnes entouraient une table couverte de fruits et de pâtisseries. On rapporta pour nous les reliefs d'une dinde rôtie : le tout fut arrosé de quelques bons crus d'Alsace et aussi de cette délicieuse liqueur de cerises que les ménagères fabriquent elles-mêmes.

Ces braves gens connaissaient déjà l'ennemi. Comme d'usage, il avait réquisitionné argent et vivres, puis, sur le bruit de notre arrivée, s'était replié promptement. Alors, les habitants reprirent assurance, persuadés qu'avec un détachement de l'armée de Belfort à leur porte, les Prussiens n'oseraient plus revenir.

Nous étions de ces soldats qui les protégeaient : leur reconnaissance attendrie nous venait comme à des sauveurs.

Il y avait, ce jour-là, double fête dans la maison, les époux Fichter célébraient leurs noces d'argent en même temps que les fiançailles de leur fille aînée. A les voir ainsi, dans leur insouciante gaîté, nous ne comprenions pas... N'avaient-ils pas le sentiment du danger qui les entourait? Ils ne paraissaient pas s'en douter. Satisfaits d'avoir échappé à une première alerte, ils étaient retombés dans une trompeuse sécurité. Nous les trouvions inconscients, repris au charme de leur calme existence.

Tous ces visages respiraient un bonheur sans nuage. Cependant, à quelques pas d'eux, à leur porte, l'invasion grondait menaçante !

Eux aussi croyaient à la magie du mot « République ». Gambetta, disaient-ils, va organiser nos armées comme en 1792.

Notre glorieux Bazaine, comme un lion, va secouer l'ennemi qui s'est accroché à ses flancs. Il franchira les murs de Metz, il écrasera l'armée prussienne !

Tout le monde s'enivrait ainsi de chimères et d'illusions. Les bouteilles se vidaient, les verres se choquaient au succès final, à la France, à l'armée. Les enfants se hissaient sur nos genoux, se coiffaient de nos képis, tiraient hors du fourreau notre inoffensif coupe-choux. Le temps passait agréablement : nous allions oublier l'heure et la longue marche qui nous séparait du camp de Burnhaupt.

Le bon Fichter nous retenait toujours.

A coup sûr, nous sommes les deux derniers soldats qui aient montré leur uniforme français dans les rues de Thann. Nous étions, pour ces patriotes, comme une égide, un palladium qu'ils ne voulaient pas laisser s'éloigner.

— Restez encore un peu, nous disait le

vieillard, et, en même temps, il donnait l'ordre d'atteler.

— Vous pourrez ainsi, nous dit-il, emporter plus facilement quelques provisions que vous partagerez avec vos camarades.

En effet, le char-à-bancs dans lequel il nous fit monter fut rempli de fruits et de gâteaux avec deux belles bouteilles de liqueur de cerises qui firent des heureux à notre arrivée.

Nous quittâmes à regret cet excellent homme. Lui-même ne nous fit ses adieux que d'une voix tremblante d'émotion.

II

L'INVESTISSEMENT

Retour à Belfort. Querelles d'officiers. — Les boues de Bessoncourt. Le parapluie de l'escouade. — Bruits de départ. Trois caporaux. — « Un morveux d'officier m'outrage » (*vieille chanson*). — Les Basses-Perches. — L'investissement. — Premiers coups de canon. Première reconnaissance. — Premiers temps du siège. — Le bombardement. — Les télégraphistes. — La peur de l'obus. — Déserteurs. — Belfort sous les obus. — Les Basses-Perches sous les obus. — Soirs tragiques.

Ce dimanche, marqué par le voyage à Thann, fut notre dernière bonne journée. Illuminée d'un beau soleil d'automne, elle fut aussi la dernière où, dans l'air ambiant respiré par ces patriotes Alsaciens, nous avions pu nous prendre à partager leurs illusions. Ensuite, nous n'allâmes que de déception en déception.

L'automne touchant à sa fin, les nuits sous la tente étaient glaciales. Quand la joyeuse sonnerie du « Réveil en Campagne » éclatait aux pâles rayons d'un soleil estompé de brume, nos membres ankylosés nous annonçaient le rude hiver.

Il nous fallut quitter ce beau séjour de Burnhaupt et nous acheminer vers Belfort. Avec ce retour allait commencer la série des jours sombres.

Je me réjouissais cependant de retrouver les habitudes si vite adoptées : stations au café Anselme où nous attendaient les nouvelles de la famille, conversations avec nos amis, les Mobiles du Haut-Rhin. Nous nous promettions force plaisir à leur raconter notre voyage et le si court passage dans leur cher Mulhouse. Mais, au moment de franchir la porte de Brisach, on nous fit faire volte-face pour nous envoyer camper sur les glacis de la *Miotte* et de la *Justice*.

Au lieu du bon souper tout prêt à l'Hôtel Lapostolet, nous avions en perspective « la bidoche », comme disait Taupin, la bidoche de l'ordinaire à préparer, une viande dure qu'on venait d'abattre et dont les morceaux étaient jetés tout pantelants encore dans notre marmite.

Au lieu de la bonne table au couvert bien dressé que nous espérions, nous avions devant nous la corvée du bois à brûler pour faire la soupe et la cérémonie du dressage des tentes. La nuit nous prit avant la fin de ces préparatifs et nous eûmes une longue soirée pour commenter notre situation.

Il s'était passé des choses graves pendant notre expédition. Au général Cambriels, appelé au commandement de l'armée des Vosges, avait succédé le colonel Crouzat. Celui-ci, passé au commandement de Lyon, avec le grade de général, avait cédé le poste au commandant Denfert qui fut alors nommé colonel.

Avant notre départ, on avait parlé de dissentiments entre notre commandant Gély et le commandant Denfert.

Pendant que nous étions dans les environs de Mulhouse, on s'était aperçu que des brouettes du Génie avaient disparu.

— Parbleu, aurait dit Denfert, ce sont les hommes de Gély qui les ont brûlées : je les lui ferai payer cher.

— Quoi! avait riposté Gély, à distance, il m'accuse d'avoir brûlé ses brouettes! Qu'il ose le répéter et, dès que je serai rentré à Belfort, je lui f... ma botte... quelque part.

Le commandant Gély devait bien rentrer, mais il n'était plus de grade égal avec son adversaire. Celui-ci, venant d'être nommé colonel, commandant supérieur, le premier effet de son animosité se manifestait par une brutale exclusion de la ville. C'est du moins ce qui se racontait sous la tente, et les gens bien informés prétendaient savoir que Denfert avait dit que « jamais le 45e ne rentrerait à Belfort ».

Hélas! celui qui rapportait ces paroles était bon prophète. Transporté des glacis de la Miotte aux glacis des Perches, en passant par les boues de Bessoncourt, notre pauvre 45e ne fut relevé qu'aux tout derniers jours du siège.

Le lendemain, nous fûmes dirigés sur Bessoncourt où devions rester, sous la tente, presque jusqu'à la fin d'octobre.

*
* *

Le froid devenait très vif et intenable le

séjour sous la tente. Quand ce n'était pas une gelée intense qui nous éveillait, des rafales de pluie nous chassaient de nos abris. Les piquets des tentes ne tenaient plus dans le sol détrempé, la toile mouillée s'abattait sur nous, les rêves que nous pouvions faire s'achevaient au milieu de noires flaques d'eau. Il fallait alors chercher nos effets, repêcher nos vivres; la « boule de son » se transformait en éponge. Dur moment! Pourtant, je dois dire que nous supportions tout cela philosophiquement et, le plus souvent, que nous trouvions moyen d'en rire.

Donc, notre séjour à Bessoncourt, marqué par une véritable lutte contre les éléments, se trouvait égayé par divers incidents, les plus divertissants provoqués par des gamineries de soldats chapardeurs.

A la distance où nous étions de Belfort, les provisions ne nous arrivaient pas toujours régulièrement et, souvent, il fallait pourvoir à leur absence par notre propre industrie.

Il était bien difficile d'acheter, contre espèces, les plus vulgaires denrées, car les villageois qui avaient pu s'enfuir l'avaient fait. Il ne restait, à la garde des maisons vides, que des pauvres diables qui n'avaient à nous vendre ni œufs, ni beurre, ni poulets. D'ailleurs, ces gens nous craignaient comme la peste et se cachaient dès qu'ils nous apercevaient. Quelques-uns allaient jusqu'à dire, avec un cynisme qui nous indignait : — Nous avons bien des provisions, mais nous les gardons pour les Prussiens !

Aussi nous semblait-il que de pareilles réponses justifiaient toutes nos entreprises et, quand passait à notre portée quelque animal de basse-cour, oublié dans une ferme abandonnée, nous ne nous faisions pas faute de lui tordre le cou. Un jour, notre escouade mit la main sur un superbe matou qui n'avait jusqu'alors aucunement souffert de la guerre. Gras à lard, il nous procura un plat succulent dont le nom reste à déterminer : il tenait à la fois du civet, à cause du vin, et de la gibelotte, par les pommes de terre que nous y ajoutâmes. L'animal fut vite dépecé et mis dans la casserole. Dans une de nos excursions, nous avions découvert un petit pot de beurre fondu qui fit merveille. Le luxe de nos raffinements alla même jusqu'au bouquet de thym et de laurier. Le seul inconvénient fut que notre cuisine était en plein air, qu'une pluie fine tombait sans relâche, éteignant le feu, et que notre civet-gibelotte faillit se trouver noyé sous la pluie maudite qui nous transperçait.

Heureusement, dans une de nos razzias, nous avions trouvé un vieux parapluie devenu « *le parapluie de l'escouade* ». Un soldat le tint déployé sur notre « *frichti* ».

Les camarades s'étant mis d'accord pour me reconnaître quelques talents culinaires, c'est moi qui, ce jour-là, fus chargé de la préparation de notre gibier. Très pénétré de l'importance de mes fonctions, j'avais, en ajoutant au beurre une pincée de farine, confectionné un « roux » dont le parfum se répandait jusqu'à l'extrémité du camp, excitant la curiosité et la jalousie des autres escouades. Mais la pluie redoublait ! Le parapluie, dont trois baleines au moins étaient cassées, ne m'abritant qu'imparfaitement, l'eau m'entrait dans le cou, le sol se détrempait sous mes pieds, que je ne pouvais plus détacher de la vase dans laquelle je m'enfonçais. A chaque instant, il fallait rallumer le fourneau dont la fumée m'aveuglait. Mon plat n'avançait guère, je commençais à en désespérer et je dois avouer que Vatel s'était passé sa broche au travers du corps pour moins que cela. Enfin, je pus appeler l'escouade à venir s'en régaler. Bien qu'il ait eu quand même un certain succès, je dois reconnaître que l'odeur de fumée dont il était imprégné n'eût permis aucune expérience comparative sur la saveur du civet de matou. C'était à recommencer !

*
* *

A tout instant, des bruits de départ nous tenaient en éveil. Tantôt, il s'agissait d'aller rejoindre l'armée des Vosges. Tantôt, on devait nous envoyer à Besançon. Cette perspective de prendre une part active à la guerre nous réjouissait et nous n'eussions certes pas regretté les boues de Bessoncourt.

Le 25 octobre, nous fûmes dirigés sur les Basses-Perches que notre compagnie ne devait plus quitter.

Cependant, les bruits de départ prenaient

consistance. Ce même jour, à dix heures et demie du soir, on nous fit une distribution de quatre jours de vivres de campagne. A ne pouvoir s'y tromper, il s'agissait d'un départ. Le lendemain, défense aux hommes de toucher à ces vivres. C'était bien notre dernier espoir perdu.

A cette date, nous fûmes nommés caporaux. Déjà, à Burnhaupt, nous avions cousu à nos capotes les galons rouges de premier soldat.

Plusieurs fois le capitaine Aillet nous avait dit :

— Je vais vous nommer caporaux.

— Non, capitaine, nous vous prions de n'en rien faire. Nous n'avons pas la moindre ambition, nous savons que vous ne pouvez nous faire passer tous trois dans la même compagnie et la chose à laquelle nous tenons par-dessus tout, c'est à ne jamais nous séparer.

Le capitaine suivait toujours son idée.

— Eh bien! voyons, êtes-vous décidés?
nous disait-il.

— Non, mon capitaine.

— Vous le regretterez. Dans quelques
jours, les corvées vont devenir extrêmement pénibles et mieux vaudra pour vous
d'avoir à les commander qu'à les exécuter.

— Mon capitaine, nous vous supplions!...

— Mais, b.... d'entêtés que vous êtes, je
veux absolument vous nommer. D'abord,
j'ai besoin de caporaux.

Et, s'efforçant de prendre un air sévère
qui cadrait mal avec sa physionomie toute
empreinte de cordiale bienveillance :

— Je n'ai pas à me préoccuper de vos
convenances, je vais faire de vous des caporaux, parce que ça me convient... et je vous
défends de raisonner.

Nous étions désolés. Une fois nommés
caporaux, nous serions certainement envoyés aux extrémités de la place. Si l'un de
nous restait à la 5ᵉ, les autres iraient à la 4ᵉ,

à la 6ᵉ et seraient transportés aux Fourneaux, aux Barres... Enfin, un jour, le capitaine nous fait appeler :

— Eh bien ! c'est fait, vous êtes caporaux !

Nous restâmes sans paroles, mais nos regards durent en dire long, car il se mit à gronder :

— Voulez-vous bien ne plus récriminer!... Je vous nomme tous trois dans la même compagnie, la 5ᵉ, la mienne !

Cet excellent homme avait fait pour nous la plus extraordinaire exception, je crois, la seule, qui ait jamais été faite.

Pour nous garder tous trois réunis, il avait obtenu de porter l'effectif de sa compagnie à cinq sergents et dix caporaux au lieu de quatre et huit.

Cette mesure nous combla de joie.

*
* *

La bonté du capitaine se manifestait à notre endroit par mille témoignages d'une touchante sollicitude. J'aurai occasion d'en citer souvent, au cours de ces souvenirs. En voici un qui remonte à cette époque précédant de fort peu l'investissement.

Leroux, qui comptait alors quarante-cinq ans, supportait moins bien que nous, qui en avions vingt-sept, les souffrances et les privations. Les nuits froides sous la tente avaient provoqué chez lui quelques menaces de rhumatismes. Il souffrait aussi moralement. Les nouvelles ne nous arrivant plus que difficilement, Leroux s'inquiétait sur le sort d'êtres chers qu'il avait laissés, avec

de chétives ressources, dans Paris assiégé.
Il se plaignait de douleurs physiques :

— J'ai froid dans les os, me disait-il.

Le regard perdu dans le vide, ses mains enfoncées dans les manches de la capote, comme dans un manchon, il descendait quelquefois en ville. Il nous était facile de trouver des prétextes pour ces sorties, au cours desquelles nous prenions un vif intérêt à suivre les travaux de défense que le colonel Denfert faisait exécuter dans les faubourgs. On creusait des tranchées, on crénelait les maisons, on y perçait des meurtrières. La population civile, curieuse, affairée, se mêlait aux travailleurs du Génie et aux artilleurs, leur donnant des conseils, les aidant même à manœuvrer les lourdes pièces de canon.

Au milieu de ces curieux, on remarquait la gent très nombreuse et très désœuvrée des officiers de Mobiles. Ces jeunes gens, promus aux postes de lieutenant et de sous-lieutenant, sans aucune étude préliminaire, nommés à l'élection ou à la faveur, étaient connus pour leur arrogance. Leur morgue s'exerçait principalement à l'endroit des soldats de la ligne et, parmi ceux-ci, sur les plus vieux dont ils redoutaient la critique. Ils étaient intraitables sur les marques extérieures de politesse qu'ils exigeaient de leurs inférieurs.

Un jour, avec Leroux, pâle, fatigué, le regard éteint, les mains dans ses manches, je parcourais le faubourg de France lorsque nous croisâmes un sous-lieutenant des Mobiles de la Haute-Saône, un jeune blanc-bec, que je saluai.

Leroux, distrait, ne l'avait pas vu. Le sous-lieutenant vint à lui et, faisant siffler sa badine, d'un coup sec, enleva son képi qui s'en fut rouler dans la boue.

Leroux bondit sous l'insulte et j'arrivai à temps pour retenir son poing fermé.

— Votre nom, votre numéro, votre compagnie ? nous dit l'officier, son carnet en main.

— Mon lieutenant, lui dis-je, mon ami ne vous avait pas vu.

— Taisez-vous, mêlez-vous de ce qui vous regarde. Je vais vous apprendre la politesse ! Que deviendra la discipline si les vieux — et il touchait du doigt la barbe presque blanche de mon bon Leroux — si les vieux ne donnent pas l'exemple.

J'eus beaucoup de peine à empêcher Leroux de riposter et je l'emmenai, presque de force, chez le capitaine Aillet qui résidait justement en ville où il remplissait les fonctions de capitaine-major.

Mis au fait, le capitaine nous rassura sur les suites, nous disant :

— Soyez sans crainte, j'en fais mon affaire.

Nous sûmes que, le lendemain, au rapport, le capitaine, coupant court aux griefs longuement exposés du sous-lieutenant, lui dit :

— Pardon ! Avant d'aller plus loin, que faisiez-vous hier au faubourg de France, alors que votre quartier est consigné ? Aviez-vous une permission ?

— Non…

Et le Conseil imposa à l'aimable jeune homme quinze jours d'arrêts de rigueur pour avoir enfreint la consigne.

De la punition qu'il avait demandée pour Leroux, il ne fut jamais question.

*
* *

Cependant, les fortifications des Hautes et Basses-Perches avançaient, remaniées suivant les projets primitifs du colonel Denfert qui, avec son état-major, venait souvent en surveiller l'achèvement.

La terre gelée, impossible à entamer et s'émiettant sous la pioche, rendait ces travaux difficiles. L'investissement ayant été accompli avant l'achèvement des travaux de blindage, les pièces de bois non équarris de nos casemates, pendant tout le siège, restèrent exposées à nu aux projectiles ennemis sans qu'on ait eu le temps de les recouvrir d'une couche de terre qui les eût protégées.

Quelques jours encore et nous allions prendre possession de ces casemates tragiques des Basses-Perches qui devaient être le tombeau de tant de nos camarades. Elles étaient assez avancées pour que nous pussions nous rendre compte de leurs imperfections. Leur exiguïté était inconcevable. Nous pouvions calculer que, pour laisser un bien étroit passage en avant de la double rangée de planches superposées qui allaient être nos lits, ces planches seraient tellement réduites dans leur longueur que, pendant les quatre mois de séjour que nous devions y faire, pas une fois, les pauvres soldats du 45e ne pourraient allonger normalement leurs membres fatigués et devraient conserver la position si bien caractérisée par les mots « en chien de fusil ».

Des embrasures s'ouvraient sur la ligne des parapets que l'on garnissait de canons de tout calibre. Une compagnie de Mobiles de la Haute-Garonne allait être chargée du service de l'artillerie sous les ordres du capitaine Brunetot qui serait en même temps commandant du fort. Le capitaine Aillet restait en ville et le capitaine Duplessis le remplaçait à la tête de la 5e Compagnie. Le commandant Gély et le capitaine adjudant-major Livergne étaient aux Hautes-Perches.

Avec une activité fiévreuse, les derniers préparatifs de défense s'effectuaient. Un grand nombre d'ouvriers civils, terrassiers, charpentiers, menuisiers avaient été réquisitionnés. Leur grouillement, dans cette petite redoute, ressemblait à celui d'une fourmilière.

— Tout cela sent le Prussien, disions-nous.

En effet, il n'était plus éloigné.

Parmi les travaux dont nous suivions avec intérêt l'exécution hâtive, il y en avait un qui excitait particulièrement notre attention, notre étonnement, dirai-je. C'était une espèce de hutte faite de troncs d'arbres, ainsi que nos casemates, en forme de cône écrasé comme une habitation khongouse. On essaya vainement d'y appliquer le revêtement en terre que le sol pulvérisé par la gelée ne permettait pas. La singulière construction s'élevait au milieu du fort, dépassant déjà les parapets et prenant tournure de fournir à l'artillerie prussienne le plus précieux point de mire. On l'aurait dit « fait exprès ». Or, ce singulier spécimen d'architecture militaire était destiné à servir de poudrière! Au cours de ce récit, j'aurai plus d'une fois l'occasion de parler de cette poudrière, mais n'anticipons pas.

Nous étions, pour le moment, tout à l'organisation de la défense. On nous indiquait l'emplacement des factionnaires, on nous renseignait sur nos « *places de combat* », celles où nous devions nous rendre en cas d'alerte.

Les vieux briscards, Buzon, Taupin, remportaient de faciles succès auprès des recrues attentives, en racontant leurs campagnes de Crimée et d'Italie. L'emphase de leurs récits, leur jactance et leur vantardise nous amusaient bien.

*
* *

Le 2 Novembre, je descendais avec

Georges pour une corvée quelconque et voilà qu'en arrivant à la Porte de France, nous tombons au milieu d'une agitation inaccoutumée. L'entrée de la porte est obstruée par des masses de paysans escortant de longs chars à échelle alsaciens, chargés d'un pauvre mobilier, de quelques hardes entassées à la hâte en des caisses mal fermées d'où s'échappent de misérables nippes. Des vieillards gémissants, des femmes larmoyantes, pressant leurs enfants sur leur sein, gisent au milieu de ce désarroi qui s'augmente encore de l'affairement des soldats chargés du rétablissement de l'ordre. Nous avons toutes les peines du monde à nous frayer passage.

Pénétrant plus avant, nous distinguons les cris :

— Les Prussiens !... ils arrivent !... ils sont à Pérouse !... à Géromagny !... à Rougemont !

Tout à coup, le tumulte redouble. C'est

l'omnibus de Géromagny qui s'ouvre péniblement un chemin à travers la foule. La caisse de la voiture est criblée de balles. Cette fois-ci, c'est donc bien vrai! Du reste, à notre arrivée sur la Place d'Armes, une preuve éclatante nous convaincrait si nous doutions encore : les Mobiles du Rhône, au nombre de deux cents environ, sont là tout en désordre. Les uns n'ont plus de képi, d'autres ont perdu leur fourniment. Ils étaient en reconnaissance et ils ont été surpris par un groupe de cavaliers qui démasquèrent subitement quatre pièces de canon. Ils n'étaient pas en force. Après quelques coups de fusils tirés, un « sauve qui peut » s'est fait entendre. Ils ont rebroussé chemin comme ils ont pu, laissant une dizaine d'hommes sur ce théâtre du premier engagement.

Avant de reprendre la route des Perches, nous allons faire un tour au café Anselme où l'on apprend toujours quelque nouvelle.

Les rumeurs du café nous informent que les Prussiens ont incendié le château de M. Keller, le député, à Rougemont, qu'ils n'ont même pas épargné l'asile des orphelins fondé par lui, etc., etc.

A notre sortie du café, nous trouvons la place un peu moins encombrée. La foule est toujours nombreuse, mais moins bruyante. On a pu abriter quelques-uns des pauvres réfugiés. Les officiers, par groupes de cinq ou six, causent avec animation. On se presse autour d'eux pour saisir quelque lambeau de conversation. Une estafette fend la foule, sans crier gare. Nous traversons les portes. Sur les remparts, les artilleurs ont pris position autour de leurs pièces. A l'accent bref et énergique des ordres donnés, ont voit maintenant que ce n'est plus un exercice banal.

*\
* *

Le 3 novembre, à neuf heures du matin, aux Basses-Perches, une forte détonation se fait entendre : c'est le premier coup de canon, mais pas le canon ennemi. Notre fort de la Miotte salue un premier passage de Prussiens signalé dans la direction de Ropp. De quart d'heure en quart d'heure, le même coup de canon se succède. Autant de cartes de visite que nous envoyons aux soldats du roi Guillaume !

D'un signe, le capitaine Duplessis appelle Leroux, Georges et moi sur le rempart. Il nous prête sa lorgnette, et nous fait voir au loin, très loin, les Prussiens défilant, en lignes noires très fines, très allongées, dans la direction de Vézelois. Il nous est impossible d'évaluer le nombre d'hommes.

Tout à coup, le canon tonne violemment. Il semble que c'est tout près' de nous. Erreur, le fort des Hautes-Perches, notre voisin, vient de dire son premier mot. Au loin, tout en l'air, dans un léger flocon blanc, l'obus éclate au-dessus de la ligne noire. La file s'arrête. Un petit flottement se laisse deviner, puis les Prussiens reprennent leur marche. Le coup a porté.

A deux heures, on vient demander trente hommes de bonne volonté pour faire une reconnaissance. Il s'en présente cent. Nous sommes partis trente-deux, dont nous trois. Cela commence à devenir intéressant. Au sortir de la ville, on nous déploie en tirailleurs et le lieutenant se fait amener les rares paysans que nous apercevons, tout effarés.

Il les interroge, mais quelle créance accorder à leurs renseignements? L'un a vu 10.000 Prussiens, un autre 60.000, un troisième évalue leur nombre à 500 seulement.

Nous continuons notre marche. A la lisière du bois, nous apercevons de loin, de très loin, hors de portée de fusil, deux hulans en vedette qui nous éventent et décampent au galop.

Nous rendons compte de ce qui se dégage des renseignements pris et de ce que nous avons vu nous-mêmes :

« Un millier de Prussiens sont à Véze-
« lois. Ils ont pillé, pour débuter, le très
« beau château de M. Saglio que nous aper-
« cevons de loin, avec ses terrasses à l'ita-
« lienne et derrière lequel s'abritent main-
« tenant nos ennemis. »

Nous nous rongeons d'impatience de devoir rentrer sans avoir pu décharger nos chassepots.

*
* *

Pour la dernière fois, nous avons reçu des nouvelles de nos familles ; nous allons être bloqués à notre tour et la période d'action n'est plus éloignée.

Les premiers temps de cette seconde période furent marqués par une série d'engagements où les Mobiles du Rhône eurent toute occasion de se distinguer, pendant que notre 45e, retenu à la garde des Perches, se désespérait de son inaction forcée. Nous allions anxieusement aux nouvelles. On s'était battu à Roppe, à Gros-Magny, à Eloie, au bois de l'Arsot : combats stériles, malgré le courage déployé. L'armée de Belfort était dépourvue d'artillerie de campagne et ne pouvait se battre que dans des villages qui lui fournissaient un précaire abri contre le canon ennemi.

Le premier mois de l'investissement se passa sans incidents remarquables, au moins en ce qui concernait les trois caporaux parisiens, immobilisés au fort des Basses-Perches.

Un petit journal du siège s'imprimait à Belfort dont on s'arrachait les numéros. Nous nous intéressions aux efforts de la défense, à la fonderie de projectiles que le colonel Denfert venait d'organiser, à la création d'une batterie de campagne, à un essai de fabrication de mitrailleuses.

Les forts tiraient sans arrêt sur les points où nous supposions que l'ennemi installait ses batteries et nous nous familiarisions ainsi au fracas du canon. Les Prussiens ne répondaient pas encore. On commentait la venue des parlementaires, les messages qu'ils apportaient et les énergiques réponses du Commandant supérieur. Il en arrivait presque chaque jour, de ces parlementaires sanglés dans leurs beaux uniformes, l'air arrogant et la poitrine bombée. Ils se présentaient à toutes les portes pour se renseigner. Aussi applaudissions-nous avec enthousiasme à la réponse du colonel Denfert qui déclara au général allemand Von Treskow que s'il n'en modérait pas l'abus et s'il s'en présentait autre part qu'à un point déterminé, ils seraient considérés comme des ennemis et traités comme tels.

L'esprit de la population était excellent. Groupée autour de son maire M. Mény, on la sentait prête à tous les sacrifices, à tous les dévouements. Ce mois de répit fut employé à mettre les caveaux de l'Eglise et de l'Hôtel de ville en état de recevoir les habitants dont les maisons étaient dépourvues de caves voûtées.

On couvrit les trottoirs avec d'énormes troncs d'arbres qui permettaient de circuler à l'abri dans presque toute la ville. Des secours en cas d'incendie furent préparés et entretenus de place en place. On prenait plaisir à compter les coups tirés par nos forts, on s'étonnait de ne pas entendre les Prussiens riposter. Une sorte de bonne humeur régnait dans la population comme dans l'armée. On ne se faisait pas faute de gouailler ces « têtes de Bosche » qui restaient muets.

*
* *

Le 3 décembre, nous vîmes éclater le premier obus prussien. Il tomba, déchirant l'air de son bruit strident, à quelques pas de moi, au cours d'une promenade militaire que faisait ma Compagnie entre les

Perches et le village de Danjoutin. A partir de ce premier coup, pendant 73 jours et autant de nuits, le bombardement se continua sans un instant de répit, avec une intensité toujours croissante. Les habitants se réfugièrent dans les caves et l'on ne vit plus en ville que de rares passants. De temps à autre, une maison s'effondrait, un incendie se déclarait. Ce qui causait le plus d'effroi à la population, c'était le *schrapnell*. Quand un de ces terribles engins éclatait en pluie de feu sur la Place d'armes, les rares habitants qui circulaient encore s'enfuyaient éperdus à la recherche d'un introuvable abri.

Le séjour de nos casemates, aux Basses-Perches, était intenable. Les obus y entraient sans obstacle, défonçant aisément la faible garniture de troncs d'arbres que nul revêtement ne défendait.

Nous n'avions qu'un seul chirurgien-major pour les deux Perches et, en cas de blessures à panser, la course était longue pour aller le chercher, d'un fort à l'autre.

Je portais, dans mon sac, une petite trousse contenant tout ce qu'il fallait pour un premier pansement. C'était un cadeau de ma sœur aînée à l'heure des adieux. Que de services m'a rendus cette trousse! Dès qu'un homme était blessé, on venait me trouver. J'avais surtout des bandes toutes préparées au perchlorure de fer qui nous furent bien précieuses, car elles nous permettaient d'attendre l'arrivée du major.

*
* *

Parmi les Mobiles de la Haute-Garonne, nous trouvâmes quelques jeunes gens fort distingués, avec qui nous eûmes plaisir à causer.

Nous avions aussi lié connaissance avec les télégraphistes. Ils étaient deux, un professionnel et un Mobile, aussi peu soldats l'un que l'autre. Leur intimité nous valut quelques agréables moments. Chez eux, nous trouvions du feu. La neige ayant commencé, nous souffrions terriblement de son froid pénétrant, et c'était avec délices que nous ressentions l'insigne faveur de nous approcher d'un poêle ronflant et rouge.

Nos amis, les télégraphistes, n'étant pas soldats de métier, ne se croyaient pas obligés de faire montre de bravoure. Ils étalaient au contraire, avec une franchise que mon ami Georges qualifiait de cynique, une parfaite pusillanimité. Devant la pluie d'obus qui pénétrait dans nos casemates, ils avaient calculé que deux obstacles, si minces soient-ils, valent mieux qu'un. Volontiers, ils eussent passé jours et nuits sous leur lit de camp que couvraient matelas, vêtements, valises, en un mot, tout ce qu'ils trouvaient.

Ce n'était pas facile de sortir de là. Comme il y avait de rapides nécessités de service, des appels impérieux auxquels il fallait une réponse immédiate, nos amis combinèrent de faire deux ouvertures par où, lorsqu'ils étaient sous le lit, ils passaient leur tête. Un avertissement survenait-il ? — le coup de clairon annonçant le tir ennemi, ou bien le cri « terre ! terre ! » poussé par un factionnaire, — aussitôt, les télégraphistes disparaissaient sous les planches. Le danger fini, on voyait reparaître leurs figures rassérénées.

Un jour, Georges était en train de me raconter qu'il venait de relever une sentinelle dans un endroit très exposé et que, pendant qu'il soignait un camarade blessé, un autre criait : « terre ! terre ! » derrière lui.

A ce mot, brusquement, les deux télégraphistes s'enfoncent. Émoi dans la cabine.

— Quoi? qu'est-ce? qu'y a-t-il?...

Le calme revenu, nous voyons les têtes des télégraphistes interrogatives et encore tout émues :

— Eh bien! qu'est-ce qui vous a pris?

— Mais, c'est vous, Delafontaine qui vous amusez à crier : « terre! terre! » Nous avons cru qu'une bombe arrivait! Ça ne se fait pas ces choses-là!

*
* *

J'ai souvent déploré le conseil donné aux hommes de se coucher devant le projectile qui les menace. Des clairons étaient postés sur les parapets avec mission de surveiller les batteries ennemies. Leurs sonneries, différentes suivant le point de départ, indiquaient d'où venait le danger, et l'homme averti prenait contact avec le sol pour éviter les éclaboussures. Je l'aurais admis au début, quand la canonnade était encore rare et intermittente. Vers la troisième semaine, alors que nous étions cernés de tous côtés et que les sonneries se faisaient entendre sans répit, il y avait quelque chose de grotesque à voir les hommes s'abattre par terre à la moindre alerte et rester un temps infini à digérer le coup de canon avant d'oser redresser leur tête effarée sous la crainte d'un nouveau danger.

Est-il bien prouvé, je me le demande encore, que l'homme couché courre moins de danger que l'homme debout? Une chose indiscutable, c'est que l'action de se dérober ainsi rend les hommes lâches. Le soldat qui s'est couché pour éviter l'obus ou la bombe n'ose plus se relever. — Le danger a-t-il bien cessé? se demande-t-il. — Un nouveau danger n'a-t-il pas surgi? — et il s'éternise, sans oser la quitter, dans cette position horizontale dont on lui a préconisé les avantages. Mes amis et moi avons toujours considéré que ce conseil donné aux soldats était pernicieux, et nous nous sommes toujours appliqués à réagir contre, du moins par notre exemple.

*
* *

Vers cette époque, notre bataillon eut à constater quelques désertions, presque toutes du fait des jeunes recrues alsaciennes.

J'ai déjà parlé de ces malheureux paysans des environs de Belfort arrachés de leurs foyers avant les délais légaux de la conscription. Ils n'avaient pas trouvé, chez leurs nouveaux camarades, l'accueil encourageant qui leur eût permis de s'habituer à un nouveau genre de vie. Personne ne les y aidait. La plupart ignoraient totalement la langue française. Les officiers, rebutés par leur ignorance, les laissaient aux prises avec les sergents et les caporaux qui n'avaient pas assez de railleries et de grossières injures pour ces « têtes de bosche ». La bienveillance n'est guère le fait des collectivités inférieures ! Leurs camarades, les simples soldats, les rudoyaient et, devant leur impossibilité de comprendre des instructions transmises dans une langue inconnue, ne leur ménageaient ni coups de pieds ni coups de poings. Pour eux, toutes les dures corvées ; pour eux, toutes les railleries et les mauvaises farces.

Leur situation était déplorable.

D'autre part, les parents de ces jeunes gens résidant dans la zone d'investissement étaient habilement circonvenus par les Prussiens qui les entouraient, qui vivaient presque à leur foyer : — Que font vos fils, dans ce Belfort détesté ? Croyez-vous que jamais ils en sortiront ! N'oubliez donc pas qu'ils sont des Allemands comme nous. Nos intérêts sont les vôtres. Vos enfants, en tournant leurs armes contre nous, combattent leurs frères !

Ces paroles trouvaient des oreilles trop bien disposées à les recevoir; les complicités ne manquaient pas pour les faire arriver amplifiées, démoralisantes, jusqu'aux jeunes soldats à qui elles étaient destinées. Hélas! ces néfastes insinuations n'avaient que trop d'effet.

Je me rappelle encore l'impression pénible que nous éprouvions lorsque, à l'appel du soir, on constatait la disparition de ces malheureux enfants. Il était rare qu'ils partissent seuls. C'était généralement par groupes de quatre, cinq ou six qu'ils s'échappaient. On en reprit quelques-uns. Il fut un instant question d'en fusiller un, pour l'exemple. Une généreuse pitié intervint et le fatal dénouement fut écarté, mais ils passèrent en prison toute la durée du siège.

*
* *

Le bombardement faisait rage. Chaque jour, le cercle de feu se rétrécissait; chaque jour, quelque nouvelle batterie se démasquait.

Des obus éclataient sur les maisons qui s'effondraient.

Beaucoup de ces maisons comportaient des caves voûtées où l'on trouvait un abri relatif. La plupart des habitants, dénués de cette ressource, s'étaient réfugiés dans les caveaux de l'église et de la mairie qui offraient de navrants tableaux de misère. Une des premières constructions brûlées fut le magasin à fourrages et les conséquences en furent désastreuses pour le bien-être de la garnison qui couchait sur de la paille, alors que cette paille ne put être renouvelée.

L'affaire était moins grave au point de vue de l'alimentation chevaline. Fort peu de chevaux étaient restés à Belfort, le nombre strictement nécessaire, je crois, pour assurer le service des parlementaires.

Depuis notre rentrée aux Perches, nous ne pouvions que bien rarement avoir des nouvelles de nos amis du Café Anselme. Je les trouvai un jour en plein déménagement. Ils descendaient à la cave leurs objets de quelque valeur et s'y préparaient eux-mêmes une installation à demeure.

Deux obus les avaient déjà touchés, traversant leur grenier et allant éclater sur le mur d'en face.

Ils supportaient cette épreuve avec assez de calme. Le vieux M. Boltz ne quittait plus son large fauteuil à oreillettes qu'on avait rapproché du grand poêle de faïence.

— Eh bien! monsieur Boltz, et votre jardin, comment va-t-il?

— Ah! mon jardin, je n'ose plus y aller, la route est balayée par les obus.

— Et vos livres? vous les avez rapportés, je pense?

— C'était inutile. Ils courent là-bas moins de danger qu'ici, car, ils sont sous la garde de ces lieutenants de Mobiles Lyonnais que vous avez vus ici, qui en prennent bien soin, comme du mobilier dont ils se servent, et m'en donnent des nouvelles presque chaque jour.

*
* *

Au fort des Perches, la vie était des plus monotones. Elle s'égayait le soir, dans la casemate, de quelques causeries avec les artilleurs de la Haute-Garonne parmi lesquels nous avions trouvé quelques jeunes gens instruits et d'esprit élevé. Avec l'un d'eux, Berthoumieu, ayant des amis communs, une aimable intimité s'était vite nouée.

Il y avait, parmi eux, un grotesque dont nous nous amusions fort. C'était un ancien gendarme, promu par faveur lieutenant d'artillerie des Mobiles. Il ignorait tout de son métier, mais il piochait énergiquement sa « Théorie » qu'il apprenait par cœur, paragraphe après paragraphe. Quand il en savait une page, il venait devant « ses inférieurs » faire parade de son érudition.

— Maréchal des logis Berthoumieu, disait-il, connaissez-vous la théorie de l'*E-peron?*

Et il ajoutait :

— Je ne connais rien de beau, entendez-vous, maréchal des logis Berthoumieu, je ne connais rien de beau comme un maréchal des logis qui connaît bien sa théorie de l'*Eperon!*

Et rien n'était beau, en effet, comme de l'entendre débiter ses aphorismes avec l'accent dont on se sert, place du Capitole, à Toulouse.

Cet étonnant artilleur est le seul soldat que j'aie vu désirer la prolongation de la guerre, car il avait pour cela des raisons d'un ordre tout spécial.

— Il faudrait, disait-il, que la guerre durât encore jusqu'au mois de mars!

— ?...

— Oui, parce que, si elle se termine avant, je n'aurai ma retraite que comme brigadier de gendarmerie, tandis que si elle dure jusqu'en mars, je l'aurai comme lieutenant d'artillerie !

A coté de lui, non moins grotesque dans son genre, nous avions un fils de famille, le jeune M. de G..., ridicule fantoche qui, lui, tout au contraire du gendarme, demandait le plus promptement possible la paix, à quelque condition qu'elle fût. Il s'intéressait beaucoup aux rares nouvelles de Paris qui parvenaient à franchir le blocus :

— Eh bien! ces Parisiens ont donc encore du pain? Quand donc ces Parisiens n'auront-ils plus un morceau de pain?

— En quoi donc, monsieur de G., le sort des Parisiens vous inspire-t-il une si touchante sollicitude ?

— Voilà !... C'est que, lorsqu'ils n'auront plus de pain, ils se rendront; c'est que Denfert, ici, ne tient que par esprit d'imitation. Lorsque Paris se rendra, Belfort suivra et que nous quitterons cet horrible fort des Perches où notre vie est en perpétuel danger. Nous serons prisonniers et je demanderai à être envoyé à Magdebourg, où je trouverai des amis à moi, Allemands très gentils avec qui j'attendrai très confortablement la fin de la guerre...

*
* *

Souvent nos conversations étaient interrompues par un obus qui entrait comme chez lui, mettant indiscrètement fin à nos papotages.

Un soir, hélas! le bruit éclata formidable. Une épaisse et nauséabonde fumée se répandit dans la casemate et des cris s'élevèrent, lamentables! Cinq ou six victimes gisaient au milieu d'épaisses flaques de sang, et leurs gémissements fendaient le cœur. Un de mes infortunés camarades avait le ventre ouvert. — Caporal Poilay! disait-on autour de moi, votre trousse, vite! apportez vos remèdes!

Les plaies étaient horribles, je sentais mes soins stériles. A l'autre bout de la casemate, d'autres voix m'appelaient. C'était pour mon ami Berthoumieu qu'un éclat d'obus égaré avait été frapper à une grande distance. Il râlait, il n'avait plus sa connaissance. Je lui parlai, il ne me répondit pas.

La casemate était obscure : une bougie prêtée par les télégraphistes nous éclairait vaguement.

Je cherchai sa blessure. Il n'y avait pas de sang pour me guider. Une petite étoile fut tout ce que je découvris, comme une

légère fêlure, à la tempe, à peine sanguino-
lente.

On courut chez le major qui vint assez
vite et fit préparer six brancards pour
envoyer tous ces blessés à l'hôpital. Je vis
s'acheminer la lugubre corvée, dans la
nuit, sur la neige qui se colorait de taches
sanglantes.

Anxieusement, indiquant mon ami Berthoumieu, j'interrogeai le major :

— Celui-ci, dit-il, en le touchant une
dernière fois, il est fichu !

Le pauvre garçon, avant même de franchir la porte de la ville, avait déjà cessé de
râler.

Dans ce fort de Perches, la vie devenait
atroce. C'était chose démoralisante que
d'attendre ainsi la mort sans pouvoir se
défendre.

Certes, je n'avais pas rêvé la guerre sous
cette forme ! Sans compter voir se renou-
veler, en ma faveur, les combats de l'Iliade

et les corps à corps des chevaliers de la Table Ronde — où, du reste, je crois que j'eus fait triste figure — j'aurais voulu riposter aux formidables coups de canon des Prussiens. Hélas! nous étions là, terrifiés par le bruit, écrasés sous l'explosion, sans voir notre ennemi, sans personne à qui nous en prendre, à qui renvoyer une balle.

Combien nous regrettions de ne pas être partis avec Cambriels pour l'armée des Vosges. Au moment où la chose fut possible, pourquoi étions-nous restés?

Un matin, j'étais allé au fort des Hautes-Perches pour assister au rapport. Le fourrier ayant été blessé, je le remplaçais. Voici ce qui me fut dicté :

« Des compagnies d'Éclaireurs allaient
« être formées, moitié Lignards moitié
« Mobiles. Le Capitaine serait pris dans
« l'infanterie de ligne, le Lieutenant dans
« la mobile, il n'y aurait pas de sous-lieu.

« tenant. Ces compagnies auraient pour but
« de tenir campagne tout autour de la ville,
« afin de harceler l'ennemi, de surprendre
« ses postes avancés, de saisir ses convois,
« et de lui faire, enfin, le plus de mal pos-
« sible, tout en s'efforçant de rester insai-
« sissables ».

C'était la combinaison rêvée! Avec cette organisation, mes vœux les plus ardents allaient être comblés : courir les aventures, errer aux avant-postes, faire la chasse à l'ennemi, le dépister, le saisir, le toucher, tirer son coup de fusil, à coup sûr se servir de sa baïonnette !

Jamais article inséré dans un rapport militaire ne causa tressaillement de joie pareil à celui qui s'empara de moi.

Je m'inscrivis immédiatement, car on demandait des volontaires.

Je ne doutais ni de Georges ni de Leroux. Ils accepteraient sûrement cette issue à nos souffrances des Perches, et je songeai à mettre leur nom à côté du mien. Bien m'en prit de ne pas le faire sans les avoir consultés.

A mon grand étonnement, Leroux reçut froidement ma proposition. Il ne se sentait pas assez vaillant pour supporter les fatigues éventuelles du métier d'Éclaireur. Il redoutait les nuits passées en plein air, couché dans la neige. Il craignait les marches forcées. Bref, il me dit avec tristesse :

— Quitte-nous, puisque tu le trouves bon, mais je reste, moi, au poste que le sort m'a désigné. Que Delafontaine fasse comme bon lui semblera.

Georges me regarda, et d'un geste m'indiquant Leroux, il me dit, les yeux humides :

— Est-ce que je peux le quitter?

Il était dans le vrai, nous ne pouvions laisser Leroux. Il y aurait eu cruauté de notre part à l'abandonner tous deux à la fois. J'eus un serrement de cœur en songeant à notre séparation. Nous nous étions si bien promis de ne jamais nous quitter ! Mais, je reconnus vite que Georges, tout en ayant, autant que moi, le désir de quitter les Perches savait se sacrifier à l'amitié.

III

LES ÉCLAIREURS

Cette organisation des Eclaireurs eut le plus grand succès dans la garnison. Tout le monde voulait en faire partie.

Inscrit le premier, j'entrai dans la Compagnie avec mon grade de caporal; mais ceux qui ne furent prévenus que tardivement durent perdre leurs grades et entrer comme simples Éclaireurs. C'est ainsi qu'avec les fantassins qui composaient pour moitié mon escouade, j'eus quelques Mobiles de Saône-et-Loire qui avaient déposé leurs galons de sous-officiers. Aussi me trouvai-je à la tête d'une escouade d'élite, absolument incomparable.

M. Arnal, le capitaine, s'était évadé des geôles prussiennes après Sedan.

La légende de son évasion le précédait, lui donnant à nos yeux comme une glorieuse auréole. Pour la première fois, quand il nous réunit, sur la petite place de Pérouse, nous fûmes subjugués tous, sans exception. Son teint basané, ses cheveux crépus, sa grosse moustache noire lui donnaient l'allure d'un héros de roman. Il eût fait de nous ce qu'il aurait voulu!

Le lieutenant n'eut pas le même succès. C'était un jeune mécanicien lyonnais du nom de Courriol, qui devait son grade à la faveur. Outre une physionomie neutre, sans aucun relief, Courriol, ni beau, ni laid, ni petit, ni grand, avait l'air embarrassé. Son hésitation dans le commandement, les contre-sens des ordres qu'il donnait à tort et à travers, ignorant les premiers éléments du métier militaire, nous le firent rapidement juger de façon fort défavorable.

Dans mon escouade, je fus tout de suite en camaraderie avec Loye, alors étudiant en droit, aujourd'hui avoué à Châlon-sur-Saône, avec Gambey, fils d'un banquier de la même ville, et avec Charve, élève de l'École Normale Supérieure. Du premier jour à la fin de la campagne des Éclaireurs nous fûmes inséparables. Tous, nous nous prîmes d'une sincère affection pour Pinchon, le sergent de notre section, un élève pharmacien, véritable gamin de Paris à la mémoire remplie de refrains de café-concert. D'une gaîté inépuisable, il savait toujours égayer les situations, même les plus tristes.

Charve avait à son actif un trait de bravoure digne qu'on en conserve le souvenir et qui fut cause que nous le gardâmes fort peu de temps. En effet, la Compagnie était formée depuis quelques jours seulement lorsqu'il nous fut enlevé par le Commandant Supérieur qui le fit rentrer à Belfort avec le grade de Lieutenant (1).

Voici ce qui s'était passé. Les Mobiles de Saône-et-Loire se dirigeant sur Belfort avaient séjourné à Remiremont d'où une alerte les avait délogés. Devant un corps prussien contre lequel ils n'étaient pas en état de résister, ils s'échappèrent en hâte. Dans l'émoi de cette fuite précipitée, voilà qu'aux approches de Belfort, on s'aperçoit

(1) Le même fait lui valut, après la guerre, d'être nommé chevalier de la Légion d'honneur.

que le chef du détachement a oublié le drapeau dans sa chambre d'hôtel. Le cas était grave. Charve s'offrit pour en atténuer les conséquences. Quittant ses habits militaires il rétrograda seul vers Remiremont, avec les papiers d'un professeur de la région en vacances allant retrouver sa famille. Bravement, il se présenta à la table d'hôte où mangeaient les officiers allemands, lia conversation avec eux, sut endormir leurs soupçons et fit si bien qu'il pût rentrer en possession du drapeau que l'hôtelier avait heureusement mis à l'abri. Muni de son précieux trophée, il regagna ensuite Belfort.

Voilà quels hommes j'avais à commander ! En outre, nous avions quelques jeunes vignerons de Chagny, tous braves soldats et bons compagnons, dont l'entrain, la gaîté ne se sont jamais démentis et qui rendirent exquises les journées passées aux Eclaireurs.

*
* *

Le Capitaine nous avait dit :

— Vous logerez chez l'habitant.

« Dans les habitations » eût été plus exact, car tous les habitants avaient pris la fuite, laissant portes ouvertes et tout à l'abandon.

Le hasard me conduisit, avec mon escouade, dans un presbytère où notre bonne fortune nous fit trouver un vieux buffet, contenant un pot de miel, des pommes de terre et un bocal de cornichons.

Quelle aubaine pour la confection de menus que nous pûmes parfois édulcorer avec un certain art.

Mes camarades ayant trouvé aussi des bas de soie, se dirent :

— Puisque ce bon curé les a laissés, il vaut mieux que ce soit pour nous que pour les Prussiens.

Et jamais, oncques, ne se virent soldats si bien chaussés. Nous adoptâmes encore un parapluie qui remplaça avantageusement le regretté « Parapluie de l'Escouade » fondu dans les boues de Bessoncourt.

En veine de trouvailles, nous pénétrâmes dans l'église. Quelle panique avait donc présidé à la fuite des gens qui en avaient la garde ? Tout était abandonné portes et armoires ouvertes. Vases sacrés, ornements du culte, étoles, chapes et chasubles restaient à la disposition de qui les aurait voulus. Personne de nous n'eut l'idée de les profaner : au contraire, tout fut soigneusement plié et remis dans les armoires. Mais j'aurais vainement essayé d'empêcher nos Eclaireurs de s'approprier les calottes des enfants de chœur dont ils se firent de fort jolies blagues à tabac. Un sergent eut même l'audace de prendre pour lui la très luxueuse bourse brodée de la quêteuse ! Je pris, moi, en prévision de pansements éventuels, les linges sacrés, nappes de communion et autres restés à l'abandon. Ils eurent une destination peut-être moins pieuse mais aussi précieuse et, en tout cas, d'une utilité incontestable. Force me fut de tolérer l'enlèvement des eucologes, petits psautiers et livres de messe qui, pour quelque temps, nous permettraient de suivre le conseil : « *Prenez toujours du papier dans vos poches* » alors difficile à mettre en pratique avec la pénurie de gazettes qui régnait.

*
* *

Dès le premier soir, nous eûmes à faire une petite expédition. Il s'agissait de savoir si le village de Chèvremont était, ou non, occupé par l'ennemi. Notre section marcha, sous les ordres du lieutenant. Ce fut peine perdue, aucun de nous ne connaissant la topographie des environs de Belfort et le lieutenant ayant oublié de consulter une carte. Errant à l'aventure, par la nuit noire, nous ne pûmes rien découvrir.

Honteux de cette déconvenue, nous prîmes nos mesures, le sergent Pichon et moi, pour nous trouver le lendemain à l'aube sur le passage du capitaine qui nous demanda quelques détails.

Nous lui offrîmes d'aller, tous deux seulement, à la découverte. Ainsi, nous nous ferions renseigner, ce qui serait facile, en plein jour, et, à deux, nous ne risquerions pas d'attirer l'attention.

— J'y consens, dit le capitaine, mais soyez prudents. N'avancez que s'il n'y a pas de danger : je ne veux pas de coups de fusil !

Bien que trouvant un peu exagérées les recommandations de prudence du capitaine, nous partîmes tout joyeux, Pichon et moi : Pichon scandant notre marche de ses refrains, mais atténuant sa voix quand nous arrivions dans une zone supposée dangereuse.

La route de Pérouse à Chèvremont se déroule dans une carrière de ce grès rose dont sont bâtis l'église et le château. Sa surface mamelonnée, recouverte à rares intervalles d'une herbe courte et grisâtre, semble faite à souhait pour fournir d'utiles abris dans une guerre de surprises et d'escarmouches.

La campagne était déserte. De temps à autre, le bruit — auquel nous étions déjà faits — des coups de canon échangés qui passaient au-dessus de nos têtes sans aucun danger.

Nous avions franchi les derniers avant-postes et nous étions en vue de Chèvremont

dont les maisons à toits rouges s'étageaient
à droite et à gauche de la route montueuse —
l'unique rue du village — pour aboutir à
un immense calvaire dressé sur un piédestal
de quelques marches qui dominait de ses
bras éperdus le paysage désolé.

Quelques pas encore et nous allions entrer dans le village, lorsque nous nous entendîmes appeler :

— Sergent ! caporal !

C'était un lieutenant des Mobiles de la
Haute-Saône. En se dissimulant dans les
anfractuosités de la carrière, il avait marché
presque parallèlement à nous, sans que
nous nous fussions aperçus de sa présence.
Il faisait partie d'une autre compagnie d'é-
claireurs et avait voulu s'assurer, comme
nous, de la présence des Prussiens à Chèvremont.

*
* *

— Qu'en pensez-vous, nous dit ce lieutenant, croyez-vous qu'ils y soient ?

— Ma foi, je n'en vois pas l'ombre d'un.

— Ils seront venus sans doute, mais ils sont partis.

— Quant à être venus, cela ne fait aucun doute. Voyez ces portes enfoncées, ces volets arrachés, ces meubles brisés et éparpillés sur les fumiers !

Ce disant, nous avancions toujours, plongeant nos regards à l'intérieur des maisons abandonnées.

— En voici une, justement, qui est engageante, si nous y entrions ? Nous pourrions y faire notre déjeuner, ma musette est lourde et mon estomac vide, dit Pichon.

— Parfait, répond le lieutenant, entrons!... J'ai justement quelques rations de café sur moi, il ne nous manquera rien.

L'appétit aiguisé par cette course matinale, nous passions le seuil, remplis des meilleures intentions, quand, d'un geste instinctif, jetant un dernier regard autour de nous, nous apercevons, comme des ombres noires, dans leur uniforme sombre, cinq ou six Prussiens se glissant presque à plat ventre au pied du grand calvaire.

— Alerte!... alerte!...

Vivement, nous sommes hors de la maison ; aussitôt, cinq ou six balles nous sifflent aux oreilles. Alors, aussi courbés que possible, nous dissimulant de notre mieux derrière les fumiers qui, suivant la mode alsacienne, s'élèvent devant chaque maison, nous battons en retraite en ripostant.

Ce fut mon premier coup de feu, et il se présentait de façon pittoresque. La maison où nous avions voulu pénétrer était une des premières du village. Assez rapidement, tirant et nous cachant, tirant encore et nous cachant de nouveau, nous pûmes gagner l'entrée de la carrière. Le lieutenant avait une infériorité sur nous, car nous avions, nous, de bons chassepots, et lui n'avait que son épée. Reculant de roche en roche, la fumée de nos coups de fusil dissimulait nos mouvements et nous permettait de changer de poste presque sans être vus.

Le lieutenant profitait de notre tir et, lorsqu'il avait quelques pas à faire, nous disait :

— Tirez, sergent !... tirez caporal !...

Il usait ainsi de la même tactique que nous.

Comme d'habitude, Pichon nous servait de point de ralliement. Entre deux coups de fusil, il égayait notre retraite de ses refrains. Ce jour, il affectionnait une inepte scie de café-concert dans laquelle il y avait l'histoire d'un chapeau perdu. De temps à autre, après un coup tiré, nous entendions :

> Ce n'est pas l'gibus que je regrette,
> C'est ma pauv' tête qu'est restée dedans.

Et nous marchions à son appel.

Il nous semblait que la fusillade diminuât d'intensité. Cependant, nous avions vu nos adversaires grossir en nombre, mais ils ne paraissaient pas disposés à nous poursuivre. Donc, ne trouvant plus d'ennemi à qui faire face, nous allions reprendre notre marche ordinaire avec le fusil au repos, lorsque, au-dessus d'une crête qui longe et domine la carrière de grès, nous voyons paraître une, puis deux, puis trois casquettes prussiennes. Et voilà le sifflement de leurs balles qui reprend à nos oreilles, mais d'un autre point de départ. Alors, ils tiraient de flanc ? Nous allions être tournés ? Tout fait croire qu'ils ne se sentaient pas en nombre,

car leur attaque fut molle et aussi négative
que leur fusillade de Chèvremont.

Nous regagnâmes nos limites et rentrâmes dans nos lignes avec la plus parfaite
tranquillité.

C'est ainsi que j'ai eu « le baptême du
feu », je puis le dire, sans la moindre émotion autre qu'une sensation presque amu-
sante, comme d'une chasse à quelque gros
gibier. Il faut faire bon marché de cette
légende du « premier coup de feu » dont
Charlet nous a dépeint les fâcheux effets.

Pour la première fois, je pus faire une
constatation que j'ai renouvelée souvent depuis cette date, c'est combien les Prussiens
tiraient mal. A une distance relativement
faible, leurs balles nous passaient au-
dessus de la tête ! La cause était que le
fusil Dreyse crachait et que, pour en éviter
les conséquences, au lieu de viser, ils tiraient au jugé en appuyant l'arme sur la
cuisse.

Nous rendîmes compte de notre mission au capitaine qui voulut bien nous complimenter pour la façon dont nous l'avions remplie.

*
* *

A partir de ce jour, notre compagnie fut détachée chaque nuit pour une petite expédition. Une section marchait, l'autre se reposait.

Nous aurions été fiers d'être toujours sous les ordres du capitaine, mais nous n'avions que le lieutenant, et assez rarement encore. Le plus souvent, le commandement était laissé au sergent.

Des postes d'observation furent créés et dévolus aux caporaux. Les alentours de

Belfort furent divisés en zones. Chaque caporal en eut une qu'il devait parcourir, quatre heures durant, avec mission de voir le plus de choses qu'il pourrait, de s'approcher le plus possible des postes ennemis et de venir raconter ce qu'il aurait vu.

Dans une de mes gardes, je fis la découverte d'un champ de radis noirs. La trouvaille fut fêtée par mon escouade et aussi par nos officiers à qui je présentai, comme je le devais, les plus beaux spécimens de ce butin inespéré. Je ne dis à personne à quel endroit se trouvait le champ où poussait cette précieuse racine, il eût été saccagé en un jour, mais, chaque soir, j'en bourrais les larges poches de ma capote et faisais la distribution à mon gré.

Décidément en veine de découvertes culinaires, un autre jour, je tombai en arrêt devant un magnifique champ de choux. Hélas! à l'extrémité du champ, je vis poindre et monter vers le ciel un filet de fumée bleue qui me donna à penser qu'il y avait là quelques Prussiens. Pour nous, les choux étaient comme les roses, ils avaient des épines!

C'était diablement tentant, mais un plat de choux valait-il la vie d'un homme? C'est la réponse que me fit le capitaine lorsque je lui demandai la permission de prendre avec moi quelques camarades pour faire la récolte.

Le lendemain, je lui apportai un de ces choux. Il était énorme! Je l'intéressai au succès qu'aurait, dans Belfort affamé, l'arrivée d'une charretée de choux. Après m'avoir posé force questions sur les abords du champ de choux, sur l'importance du poste que je supposais à l'extrémité, il décida de faire l'expédition et en confia le soin au sergent Pichon. Il demanda 50 volontaires; 100 se présentèrent, mais 50 seulement furent acceptés, dont mes amis de Saône-et-Loire. Un peu avant le jour, nous partîmes, ayant décidé que vingt-cinq hommes entreraient dans le champ et que les vingt-cinq autres feraient le coup de feu.

Ce programme fut suivi. Vingt-cinq hommes s'éparpillèrent à travers les choux et en remplirent leurs toiles de tentes. Jamais le sobriquet de notre sabre-baïonnette ne fut si bien justifié.

Les Prussiens s'émurent. Au jour naissant, nous vîmes quelques silhouettes s'estomper dans un brouillard argenté, Mais les Allemands sont longs à se mettre en mouvement, et lorsque cinq ou six coups de fusil nous arrivèrent aux oreilles, la récolte était faite. Une de leurs balles vint frapper un de nos porteurs : nous la retrouvâmes dans un beau cœur de chou. Quant au camarade qui le portait, il ne s'en était pas même aperçu. A ce moment, le soleil éclairait le poste ennemi où une douzaine d'hommes à peu près paraissaient stupéfaits de notre audace : leur manger ainsi leurs choux, à leur nez, à leur barbe ! Ils semblaient se consulter sur ce qu'ils allaient faire. Une bonne décharge de nos vingt-cinq tirailleurs leur porta notre carte P. P. C. et nos remercîments.

La rentrée à Pérouse fut triomphale. On s'empressait, on nous félicitait ; on s'étonnait que nous fussions revenus sans encombre. Chacune de nos escouades prit deux ou trois choux et le reste fut envoyé à Belfort. On en tira la somme énorme de deux cents francs qui furent partagés entre les Eclaireurs. Mais je soupçonne que le capitaine Arnal arrondit la somme pour compléter une gratification à sa compagnie.

*
* *

On dira que ces soldats de Belfort ne songeaient qu'à manger et que tous leurs efforts ne tendaient qu'à l'amélioration de l'ordinaire. Il en est ainsi dans toutes les armées où les meilleurs soldats sont ceux qui savent le mieux s'approvisionner. On ne se bat pas bien, le ventre vide, l'Intendance est souvent en retard et les plus intrépides soldats sont souvent les plus chapardeurs.

Un jour que je rentrais de mon exploration quotidienne, en approchant de Pérouse, j'entendis tout à coup une violente fusillade. La fumée m'indiquait que la chose se passait dans un de ces épais fourrés qui couvrent les abords du village.

Que diable cela pouvait-il être? J'avais parcouru toute ma zone et je n'avais rien vu qui pût me faire supposer une attaque. Cependant, à ces décharges pressées, au crépitement de la fusillade, ce ne pouvait être qu'une attaque.

Je hâte le pas. Notre compagnie se rassemblait à l'entrée du village.

Le capitaine vient à moi :

— Que se passe-t-il ? Qu'avez-vous vu ?

— Mais rien, mon capitaine ; je venais moi-même chercher des nouvelles. J'ai entendu ces coups de fusil et j'accourais.

Cependant le calme s'était rétabli, la fusillade avait pris fin. Nous eûmes l'explication de tout ce bruit. Un cheval d'officier s'était échappé des lignes prussiennes et avait pénétré dans le bois que gardaient les Mobiles Lyonnais. Ce cheval, tout harnaché, pénétrant dans les fourrés, faisait grand vacarme et le poste tout entier, prenant les armes, avait tiré au hasard dans la direction du bruit ; d'autres Mobiles survenant avaient suivi l'exemple et le malheureux cheval était tombé criblé de coups de fusil. Beaucoup de bruit pour rien, dira-t-on. Pas tout à fait pour rien, car le cheval fut dépecé. Il était jeune, gras, bien au point. Notre escouade fut favorisée d'un bon morceau et, ce jour-là, j'étais prêt à déclarer que la viande de cheval est chose exquise. Un faux filet de cheval prussien avait fait de moi un adepte de l'hippophagie.

*
* *

Ces expéditions gastronomiques furent les dernières de notre séjour à Pérouse. Le capitaine Arnal tomba malade et nous ne le revîmes plus. Nous restâmes sous le commandement du lieutenant Courriol qui continuait à se rendre de plus en plus antipathique à sa compagnie, puis nous fûmes transférés à Danjoutin.

Fini le bon temps de Pérouse! Nous dîmes adieu aux jolies maisons où nous étions si bien. Nous dîmes aussi adieu au beau temps, à cet été de la Saint-Martin qui nous avait favorisés.

Avec Danjoutin, ce seront les granges ouvertes à tous les vents et les disputes avec l'habitant pour une maigre botte de paille qu'il nous refuse. Ce sera surtout l'hiver, l'horrible hiver, avec la neige, la neige tombant sans relâche, la bise aigre qui vous l'envoie au visage par rafales glaciales, la pluie, la boue faite de neige fondue, et les nuits dans les bois sous la gelée.

Le premier soir, vers dix heures, on nous fait sortir d'une grange où nous avions pris nos arrangements pour dormir. Il faisait une nuit claire, la neige était tombée en abondance et nos hommes sortaient, grelottants, tirés à regret de leur sommeil. Quelques-uns, malgré les ordres sévères, avaient retiré leurs chaussures qu'ils ne parvenaient à remettre qu'à grand'-peine et s'avançaient, la marche peu assurée. D'autres avaient retiré leur ceinture de flanelle dont ils se servaient comme de cache-nez ; quelques-uns s'en enveloppant la figure, ressemblaient à de vieilles femmes. Notre compagnie n'avait pas un beau réveil !

« On signale les Prussiens dans les bois
« d'Andelnans, nous dit le lieutenant. Il
« faut les en déloger. La nuit dernière, ils ont
« surpris un poste de francs-tireurs qu'ils
« ont tués. La première section marchera
« sous les ordres du sergent Pichon. »
C'était la nôtre ! Nous étions enchantés !

Un guide nous conduisit sans obstacles et nous fit traverser le bois sans que nous y vissions rien d'anormal.

Arrivés à la lisière, Pichon nous appela, Loye, Gambey et moi, et nous tînmes un petit Conseil de guerre. « Si les renseigne-
« ments donnés se vérifient, il est probable
« que les Prussiens sont dans les environs.
« Ils n'avaient aucune raison pour rester
« dans le bois, cette nuit, mais ils y re-
« viendront certainement aux premières
« heures du jour. »

Là-dessus nous prenons nos dispositions à dix mètres l'un de l'autre, et plaçons nos hommes en sentinelles sur toute la lisière du bois, avec la recommandation expresse de ne pas tirer sans ordre.

— Vous verrez peut-être quelques soldats isolés se diriger vers vous, leur dîmes-nous, laissez-les venir et ne bougez pas.

De notre côté, nous avions pris pour nous la garde du chemin qui donne accès dans la forêt. Le froid était intense. J'étais continuellement en marche pour encourager nos hommes, les engager à se donner un peu de mouvement sur place et surtout leur recommander de ne pas tirer sans ordre.

Le vent s'élevait, secouant sur nous la neige des arbres transformée en aiguilles de glace qui nous transperçaient le visage.

La pâle clarté qui devance le soleil découvrait devant nous une immense plaine blanche descendant en pente jusqu'au lit de la petite rivière « la Douce », presque au

point où elle se jette dans « la Savoureuse ». Tout-à-coup, paraissent trois Prussiens s'avançant bien paisiblement. Ils en-
fonçaient dans la neige jusqu'au-dessus du
genou et paraissaient en si complète sécurité qu'ils portaient leurs fusils en bandoulière.

— Quelle chance ! nous les tenons !
pourvu que ces b... là ne tirent pas.

Ces mots n'étaient pas plutôt dits que...
pan !... pan !... pan !... et voilà que, de
toute notre ligne de factionnaires, s'éleva
la plus intempestive pétarade.

Un des hommes tomba, et nous vîmes
les deux autres détaler, de toute la force de
leurs jambes, aussi vite que le permettait
l'épaisseur de la neige.

— L'homme que nous avons vu tomber
est peut-être blessé ? Il faut aller vers
lui !...

Il était à quelque 250 ou 300 mètres.

— Prenez garde, me dit Pichon, ils sont

peut-être tout près et en nombre, c'est imprudent!

Mais j'étais déjà parti avec Loye, Gambey et... Pichon, qui faisait comme moi, tout en me conseillant le contraire.

A quelques pas du Prussien, nous le voyons se redresser à genoux et, jetant son fusil devant lui :

— Catholique!... catholique!... criait-il.

Il n'était point du tout blessé et disait le seul mot français qu'il eût appris, comptant sur sa vertu pour nous bien disposer en sa faveur.

Le malheureux tremblait comme une feuille, et le froid n'y était pour rien.

Sur un signe il détacha son ceinturon. Il n'était point blessé. Nous le fîmes se relever et marcher au milieu de nous. Un de nos Alsaciens nous traduisit son langage : il était Poméranien et catholique. On l'avait persuadé que nous massacrions les prisonniers et il se retournait pour nous demander grâce en se disant père de famille. Notre attitude le rassura bien vite. Nous lui offrîmes du pain : il le mangea avec avidité. Il nous montra le sien qui était noir, affreux, répugnant, mais nous pûmes apprécier cette célèbre saucisse aux pois dont on parlait tant. Sans être bon, c'était supportable et meilleur à coup sûr que le lard passablement avarié qu'on nous distribuait depuis la complète suppression de la viande fraîche. Le prisonnier fut expédié en ville et interné au fort des Barres. Une compagnie de Mobiles du poste d'Andelnans vint nous relever.

*
* *

Dans ce village de Danjoutin, avec le froid et la neige, les heures d'inaction étaient des plus pénibles.

Un cantonnier du chemin de fer avait eu l'idée de débiter aux soldats le résidu d'une barrique de piquette. Bien moins pour boire du vin que pour avoir le droit d'approcher du poêle et de rester quelques instants dans une atmosphère chaude, ceux d'entre nous qui avaient quelques sous se cotisaient pour payer, entre huit ou dix, une bouteille de cet horrible liquide qu'on nous comptait un franc. La clientèle augmentait sans cesse et, au fur et à mesure qu'elle se développait, le vin changeait de couleur : il pâlissait. Je l'ai vu, de rouge déjà clair, passer par toutes les gammes du rose, arriver au saumon et finir enfin par être tout à fait incolore.

Le pauvre diable, dénué de toute ressource, acquérait de l'industriel qui savait si bien décolorer le vin, le droit à une heure de chaleur en apportant un fagot de bois mort pour alimenter ce poêle tant convoité.

Un de nos soldats entre un jour avec une charge de bois ramassé sous la neige et que ses bras soutiennent sur sa tête. Au moment où il pénètre dans cette salle surchauffée, il pousse un cri, cherche en vain à se débarrasser de son fardeau. Il ne pouvait plus mouvoir ses bras... il avait les mains gelées ! Je le pousse aussitôt hors de la pièce et, le précipitant sur la neige, aidé de quelques camarades, je lui fis d'énergiques frictions qui ramenèrent heureusement la circulation.

Un accident du même genre faillit m'arriver à moi-même, à quelques jours de là. La veille, nous étions entrés dans nos granges avec la presque certitude que la nuit serait tranquille. Transgressant la défense générale, pour une fois j'avais quitté mes bottes (1) : il y avait bien trois

(1) J'avais pu, au début du siège, m'offrir ce luxe envié d'une paire de bottes qui m'a duré toute la campagne et m'a été bien précieuse.

semaines que cela ne m'était arrivé ! Pour comprendre la sensation délicieuse que j'en avais éprouvée, il faut avoir en souvenir, sinon sous les yeux, une image célèbre de Gustave Doré représentant le Juif errant enlevant ses chaussures le jour du Jugement dernier.

J'avais enveloppé mes pauvres pieds endoloris dans une bonne brassée de paille fraîche et placé les bottes derrière moi. Cette nuit-là me fut une nuit réparatrice que rien ne vint troubler. Mais, au matin, quand je voulus prendre mes chaussures, voilà qu'un grand froid était survenu. Tout imprégnées de neige fondue, les bottes avaient gelé. Elles étaient dures comme de la pierre et je les aurais brisées en voulant les forcer. Loye, qui partageait ma paille, me dit alors :

— Mets mes souliers et va chez le cantonnier faire dégeler tes chaussures.

Me voilà parti, ses souliers mis en pantoufles et mes bottes à la main, que je tenais délicatement par leurs tiges.

Il faisait un froid atroce. J'ouvre la porte et me précipite vers le poêle, mais une douleur aiguë me saisit : mes doigts paralysés ne peuvent lâcher leur fardeau ! J'appelai vivement un camarade qui me fit à la main l'opération qu'il m'avait vue pratiquer la veille. Comme la congélation avait été très rapide et de courte durée, le remède opéra encore plus vite qu'avec la première victime et l'affaire n'eut pas de suites fâcheuses.

*
* *

Une autre fois, nous eûmes un cas de congélation autrement grave. Nous avions été commandés pour surveiller la voie ferrée. On nous signalait comme probable, au cours de la nuit, le passage d'un convoi de vivres dont il eût été bon de nous emparer. La neige n'avait cessé de tomber toute la journée précédente ; on y enfonçait jusqu'au-dessus de la ceinture.

Placés de cinq en cinq mètres, en bordure de la voie, les soldats ne devaient pas être relevés de toute la nuit. Quant aux caporaux, ils étaient en marche continuelle pour veiller à ce qu'ils ne s'endormissent pas. Presque tous s'étaient creusé un trou dans la neige et, dans ce trou, ils s'agitaient, battaient la semelle, faisaient en sorte d'éviter l'engourdissement. Un d'eux restait inerte. A peine s'il avait pu déblayer un carré de neige et se faire une petite place où il grelottait, gémissait, se plaignait :

— Ah ! caporal, enlevez-moi de là. J'y vais mourir.

— Mais, mon pauvre ami, où veux-tu

aller? Tu es ici avec les camarades et bien forcé de faire comme eux. Allons, remue-toi un peu. Refais ton abri mieux que cela. Avec ce trou mal creusé, tu n'es pas garanti.

Et j'allais plus loin. Au retour, je le trouvais toujours dans la même situation.

— Allons ! voyons! du courage, sacrebleu! tu vas te laisser geler! Bats la semelle! Fais la danse de l'ours, mais ne reste pas immobile !

— Je ne peux pas, caporal, je ne peux pas!

Je l'aidais à se blottir et le laissais un peu remonté, puis, quand je revenais, je le retrouvais toujours de même.

— Veux-tu bien te bouger, animal !

— Ça va mieux, caporal, je n'ai plus si grand froid.

Plus tard, je le trouvai adossé sur un tronc d'arbre. Il me dit :

— Ça va! ça va mieux! je n'ai presque plus froid.

Enfin, une dernière fois, je lui parlai en vain : il ne me répondait plus. Je le secouai, il était rigide. Le malheureux était mort de froid.

Le ciel s'empourprait des premiers rayons d'un soleil d'hiver, colorant de reflets roses ce paysage de neige. Le convoi attendu n'était point passé et, là, ce pauvre petit soldat était mort pour rien !

Des branchages entassés soulevaient la neige. Nous en prîmes de quoi improviser une civière sur laquelle nous rapportâmes tristement cette innocente victime.

*
* *

Nous fûmes envoyés à la garde du Bosmont, position importante que commandait

Danjoutin et qu'il fallait maintenir à tout prix.

Quelques postes de Mobiles Lyonnais disséminés dans le bois le défendaient conjointement avec nos éclaireurs. Nous y passâmes une huitaine de jours. Le temps s'était remis au sec et nous trouvions presque supportable notre dortoir sur la neige durcie. Pour passer nos nuits, nous nous posions en rayons autour du feu qu'un factionnaire entretenait sans laisser monter la flamme qui nous eût décelés à l'ennemi. Nous enlevions nos capotes et restions en tunique, les pieds bien enveloppés dans nos demi-couvertures, nos capotes sur nous, la toile de tente sous nos reins nous séparant de la neige. Le bonnet de police sur les yeux, la tête sur le sac, nous n'étions pas trop mal. De temps en temps, une petite alerte, généralement au déclin du jour.

Un soir, à cinq ou six, nous échangions quelques coups de feu avec une patrouille prussienne qui s'était montrée trop près de nous. Nous tirions à genoux, nous appliquant à viser sur la lumière du coup ennemi. A côté de moi, j'avais un Alsacien nommé Dissert.

Tout à coup, il pousse une sorte de plainte étouffée et tombe à la renverse.

— Qu'as-tu? lui dis-je.

— Je ne sais pas !... J'ai cru que j'étais blessé et je crois que je ne le suis pas.

— Voyons, c'est stupide ce que tu dis !... Es-tu blessé ou ne l'es-tu pas ?

— Voilà !... J'ai reçu comme un coup, là, au défaut de l'épaule, et j'ai été comme poussé en arrière... et pourtant je ne suis pas blessé !

A ce moment, passant machinalement sa main sur le canon de son chassepot, il pousse une exclamation.

— Ah ! voyez donc, caporal !... Ah ! que c'est drôle !

En effet, c'était singulier. Une balle prussienne, au moment où il visait, le fusil en joue, était entrée dans le canon et, l'évasant en forme de tulipe, était restée. Le choc avait renversé le soldat sans autre dommage qu'une simple contusion.

Il l'avait échappée belle, ce coup constituant un fait extraordinaire.

*
* *

Le Commandant supérieur en fut informé le lendemain et demanda à voir le fusil.

De toute façon, on devait le lui présenter, lui seul signant le bon sur l'Arsenal, qui permettrait de délivrer un nouveau fusil pour remplacer cette arme si curieusement faussée.

Pichon, désigné pour accompagner le soldat, nous fit, à son retour, le plus extraordinaire récit.

Il avait pénétré dans la casemate du Colonel Denfert où il l'avait trouvé jouant au whist avec le sous-intendant Spire et quelques officiers de son Etat-Major.

Le fusil avait été examiné avec une vive curiosité. On avait longuement commenté le fait. Comme on paraissait oublier la présence du soldat et de Pichon, celui-ci s'était rappelé à l'attention :

— Mon Colonel, il se fait tard. Si je ne vais pas à l'Arsenal maintenant, les portes de la ville seront fermées...

— Quoi ?... Que dites-vous ?... L'Arsenal ?... Pourquoi ?

— Mais, j'ai demandé à mon Colonel un bon pour que l'Arsenal me délivre un fusil en échange de celui-ci, qui ne peut plus servir.

— Un autre fusil ? Ah bien ! — et, faisant

un signe d'entente aux officiers qui l'entouraient, — un fusil ?... *pour le temps qui
nous reste, ce n'est pas la peine !...*

Et le sergent avait été congédié.

*
* *

Quel effet, au retour, quand ces paroles
furent rapportées !

— Comment? *Le temps qui nous reste...*
C'est donc qu'on va rendre Belfort? Alors,
nous aussi, nous sommes vendus comme
Metz, comme Strasbourg !

Une indignation violente s'était emparée
de la compagnie.

Jamais je n'ai compris cette réponse.
Elle est restée, pour moi, comme une sorte
de mystère. Nous étions en décembre et

nous nous sommes battus jusqu'en février. Alors... pourquoi ? Pichon avait-il bien entendu ?

Je le connaissais assez. Je le savais intelligent. Il n'avait pu se tromper. Je me disais qu'il était un trop loyal soldat, qu'il avait trop de bon sens pour propager une nouvelle aussi grave sans être bien certain de ce qu'il avait entendu. Cependant la chose me dépassait. Il était impossible que pareille réponse fût formulée ! J'interrogeai Pichon, je lui demandai s'il était bien sûr d'avoir entendu ce qu'il racontait. En somme, il était le seul témoin de cet étrange fait. Le soldat Dissert connaissait à peine le français et son témoignage ne pouvait être confronté avec le sien. Pichon affirmait toujours et donnait comme preuve qu'il revenait sans fusil.

Les commentaires allaient leur train, et la démoralisation, le découragement, puis les ferments de révolte. Un soldat, le fils d'un boucher des environs de Belfort, grand et solide gaillard nommé Mouille-seaux que je soupçonnais fort d'être plus contrebandier que boucher, prit à part cinq ou six d'entre nous et nous dit :

— Soit prisonnier qui voudra, moi je ne le veux à aucun prix. Plutôt que d'y consentir, je m'évade, je vais en Suisse. Je connais des chemins ignorés de tous, où ni Français, ni Prussiens ne nous empê-cheront de passer. Voulez-vous que nous filions?

Notre indignation, notre colère de supposer possible la reddition de Belfort étaient à un si haut paroxysme que nous étions prêts à toutes les folies.

Un moment, je fus sur le point de me rallier à ce projet, mais l'épithète de « Déserteur » qu'on pourrait m'appliquer, m'arrêta. Il est vrai que j'aurais préféré « Désertion » à « Reddition », mais ces terribles mots avaient-ils été bien prononcés, et prononcés dans le même sens que nous leur donnions? Puis, cette reddition, en admettant qu'elle prît corps, allait-elle être un fait immédiat? Ce projet, qui nous bouleversait, pouvait au moins être modifié, reculé, abandonné peut-être? Sur un propos en l'air, si nous nous lancions dans une telle aventure, n'allions-nous pas nous trouver en face de « l'irréparable »? — Déserteur !... Il est effrayant, ce mot! L'idée qu'un jour on pourrait me l'appliquer me fit rentrer en moi-même et je raisonnai ensuite mes camarades, tout prêts, comme je l'avais été moi-même, à faire ce saut dans l'absurde.

Depuis, jamais rien ne vint confirmer les craintes que nous avait fait concevoir ce refus d'un fusil par le colonel Denfert. Malgré toute la confiance que m'inspirait le sergent Pichon, je persiste donc à croire qu'il n'a pas compris, qu'il a mal saisi une réponse qui devait avoir un tout autre sens.

Si je rapporte cet épisode, c'est qu'il est un témoignage des désastreux effets que peut causer, dans une période troublée, le colportage de fausses nouvelles ou d'appréciations erronées.

*
* *

Notre séjour se prolongeant au Bosmont, nous en profitâmes pour fortifier notre position. Nous l'avions entourée d'un fossé, et avions fait des barricades avec des troncs d'arbres.

Tout cela restait assez rudimentaire, faute des outils nécessaires. Nous réclamions constamment pelles, pioches, haches ou serpes, car il ne nous en avait été distribué qu'avec une parcimonie non seulement regrettable, mais impardonnable en de pareilles circonstances.

Nous n'avions plus entendu parler de notre capitaine M. Arnal. Il était en ville, nous disait-on, souffrant de névralgies. Le lieutenant Courriol ne se faisait voir au Bosmont qu'à de rares intervalles. Il avait toujours quelque bon prétexte pour aller en ville, faire un rapport ou prendre des instructions.

L'après-midi du 13 décembre, le lieutenant étant là, par extraordinaire, deux officiers de Mobiles, ses compatriotes, en grand' garde comme nous, dans le bois de Bosmont, mais plus en avant que nous-mêmes, étaient venus lui tenir compagnie. Ils devisaient autour du feu où se cuisait notre soupe, lorsqu'un Mobile fait irruption, criant :

— Les Prussiens! Les Prussiens! Ils nous envahissent!

Aussitôt, les deux officiers, peu fiers

d'être surpris hors de leur poste par un événement aussi grave, filent rejoindre leurs hommes.

Le lieutenant Courriol était en désarroi. Il faisait défaire les faisceaux, les faisait refaire, se demandant s'il irait au-devant de l'ennemi ou s'il l'attendrait au poste.

— Il me faudrait, balbutiait-il, il me faudrait...

— Quoi? lui dis-je, impatienté, quelques hommes de bonne volonté qui iraient voir ce qui se passe et viendraient vous renseigner?

— Oui! oui! c'est cela! un caporal et six hommes de bonne volonté!

Je n'avais pas eu seulement à faire un signe, toute mon escouade s'était groupée autour de moi et nous partîmes au galop par le chemin de traverse qui va droit à l'extrémité de la forêt.

En quelques instants nous étions au campement des Mobiles que nous trouvions assis et tout à fait calmes. Les officiers nous renseignent et nous disent :

— Il n'y a rien ! C'est toujours la même chose, ces b... là ont peur de tout. Un arbre qui bouge, pour eux, c'est un Prussien. Allez dire au lieutenant Courriol qu'il peut dormir tranquille, ce n'est pas encore cette nuit que nous serons attaqués !

Nous n'avions qu'à revenir dire ce dont on nous chargeait. Mais à peine avions-nous rendu compte de ce qui se passait que, de nouveau, les Mobiles revenaient, accourant à toutes jambes.

— Cette fois, ça y est !... le bois est noir de Prussiens !

N'ayant pas encore déposé nos armes, nous partons en hâte. En effet, à l'extrémité du bois, nous nous trouvons en face d'une masse compacte de Prussiens, couvrant ce bois dans toute sa largeur et entrant en masses profondes sous les épais fourrés. Leurs vêtements noirs tranchaient sur le terrain blanc de neige et les indiquaient à notre tir. Nous fîmes, ce jour-là, un bel exercice de « tirailleurs en retraite ». Ils avançaient avec une sage lenteur qui nous permettait de bien les ajuster. Lors même que tout notre poste serait venu, se joignant aux Mobiles, c'eût été folie de supposer qu'on aurait pu les arrêter. Ils étaient trop! J'estimai qu'il y en avait au moins de quatre à cinq cents, mais je pensais qu'on aurait prévenu le commandant Gély qui résidait à Danjoutin, et qu'il aurait envoyé du renfort. Mon idée était donc de tenir le plus longtemps possible afin de donner aux troupes de secours le temps d'arriver.

Tous les dix qui étions là, je suis sûr que nous avons fait de bonne besogne, ne reculant que pas à pas, tirant à coup sûr et de si près que nous ne pouvions manquer notre coup, cependant que le sifflement des balles se faisait entendre à deux mètres au-dessus de nos têtes.

Enfin, nous avions rejoint le poste. Ayant franchi le fossé et la barricade de branchages, nous nous trouvions au milieu d'une poignée de quelques éclaireurs, augmentée d'une dizaine de mobiles, l'air ahuri.

— Qu'est-ce donc, sergent Pichon ? Où sont nos hommes ? Où est le lieutenant ?

— Le lieutenant est en ville, pour aviser le capitaine !... Les hommes, il les a placés sur la route en demi-cercle sur notre droite.

— Comment, sur cette route? Mais pourquoi? Ils sont tournés ! Ils vont être tous pris si on ne les rappelle en hâte !... Rapidement! mon bon sergent !... les Prussiens sont sur nos talons.

A ce moment même, leurs balles nous arrivaient.

— Placez vos hommes, sergent, organisez la défense derrière notre fossé. Je cours et je ramène ceux que le lieutenant a sacrifiés si inconsidérément.

Certaines circonstances décuplent les forces. En quelques instants, j'avais parcouru la route et ramené les sentinelles — on pouvait dire justement « les sentinelles perdues » — et nous prenions nos places de combat.

Il pouvait être six heures et depuis deux heures déjà je faisais le coup de feu.

— A-t-on prévenu le commandant Gély ? dis-je au sergent.

— Oui, il y a plus d'une heure.

— Eh bien ! qu'a-t-il répondu ?

— Il jouait aux cartes. Il était en sabots et il a dit : — C'est le 45ᵉ qui est aux prises ? Fort bien, je vais vous envoyer du renfort.

— Vous feriez bien de renvoyer encore un homme, ou mieux d'y aller vous-même afin de lui bien expliquer la situation. Comptez sur nous pendant ce temps pour bien défendre le poste et surtout réclamez des munitions !

En hâte, Pichon prit le chemin de Danjoutin.

Je ne sais ce que les Prussiens attendaient, mais leur lenteur était inconcevable.
Ils tiraient et tiraient dru, mais leurs balles
ne nous faisaient pas grand mal. De notre
côté, nous tirions de notre mieux, attendant
le feu d'une décharge pour nous guider et
ne pas gaspiller nos cartouches.

Nous étions une soixantaine environ :
cinquante éclaireurs et dix à douze mobiles,
les seuls restants des deux postes de première ligne, et l'attaque semblait n'avoir
fait aucun progrès lorsque revint Pichon.

— Eh bien! qu'a dit le commandant?

— Le commandant a dit : — Comment, le
45e tient tout toujours! Ah! c'est bien, cela!
C'est une belle fusillade. Je m'y connais,
j'ai fait les guerres de Crimée et d'Italie
et je sais ce que c'est qu'un feu bien
nourri.

— Mais, commandant?...

— Oui! oui! c'est entendu, je m'occupe de vous.

Et il avait repris sa partie de cartes.

Maintenant, il était certain que nous ne comptions plus que sur nous. La conversation était finie. Il restait à défendre notre poste jusqu'à la dernière cartouche.

Chacun de nous fit son devoir.

Les Prussiens se rapprochaient et leurs coups portaient. Le bruit de notre tir était coupé par les cris, les gémissements des blessés sans que nous puissions même regarder d'où partaient ces plaintes.

Mon fusil me brûlait les mains, je mettais des poignées de neige sur la batterie pour la refroidir. Comme je l'aimais, mon chassepot! Quel bon service il me fit ce jour-là! L'aiguille fonctionna d'un bout à l'autre sans avoir été remplacée et j'arrivai pourtant au bout de mes 90 cartouches.

Quand je me retournai pour m'en faire céder par quelque camarade, je ne vis plus

que deux hommes près de moi : Boulogne
et Dargent, puis, autour de nous, quelques
corps étendus. Dargent fouillait la giberne
d'un soldat privé de vie :

— A-t-il des cartouches?

— Non!

— En trouves-tu, toi, Boulogne?

— Pas une!

— Alors, à la baïonnette!

A ce moment, le fossé seul nous séparait
des Prussiens. Boulogne poussa un cri.

— Qu'est-ce? Es-tu blessé?

— Ce n'est rien... c'est toi, en tirant ta
baïonnette, qui m'as blessé à la main.

Allons! voilà que je blessais mes camarades maintenant! Et le découragement
m'envahit, une lassitude affreuse s'empara
de moi. Il y avait plus de cinq heures que
je tirais. Je remis ma baïonnette au fourreau, je me retournai, mes pieds s'embar-
rassèrent dans un fouillis de branchages
et je tombai.

*
* *

Combien de temps suis-je resté ainsi ? Je ne saurais le dire. Quand je fus tiré de mon évanouissement, une sorte de silence lourd et fiévreux avait succédé au tumulte du combat. Quelques hommes s'agitaient à la lueur du foyer au-dessus du quel je revis intacte notre marmite... et ces hommes étaient des Prussiens !

L'un d'eux remuait le contenu de cette marmite avec un bâton ; les autres pliaient et rangeaient en piles bien alignées nos couvertures et nos toiles de tentes. Ils m'avaient cru mort, bien sûr, et ne s'occupaient pas de moi.

J'étais tout près d'un fossé en bordure

de la route. Doucement, sans éveiller l'attention, et sans quitter mon fusil, je me laissai glisser dans ce fossé. Je compris que les Prussiens poursuivaient ce qui restait de notre compagnie en retraite sur Danjoutin. En face de moi, j'avais une vaste plaine blanche où j'hésitai à m'aventurer, ma silhouette faisant tache et fournissant point de mire. Je m'y décidai cependant, n'ayant pas d'autre moyen d'échapper à l'ennemi. Je laissai derrière moi le poste du Bosmont et je vis au loin la masse confuse des Prussiens se dirigeant à la poursuite des nôtres sur Danjoutin. A peine eus-je fait quelques pas que j'aperçus, semblant se diriger vers moi, une ombre pareille à la mienne, hésitante et mal assurée.

— Qui vive?

Avec quelle émotion je répondis à mi-voix :

— France !

Et nous tombions dans les bras l'un de l'autre. C'était le brave Pichou !

— Je te cherchais, me dit-il simplement, je ne me consolais pas de t'avoir laissé derrière moi.

Dans la tristesse, dans l'accablement de notre défaite, nous nous mîmes à pleurer convulsivement en nous tenant embrassés.

Mais le moment n'était pas de s'attendrir. Il fallait pourvoir à notre sécurité. Les Prussiens obliquant à droite, nous devions faire le contraire et gagner Danjoutin en tournant par la gauche.

A quelques pas de là, nous apercevions encore deux ombres : c'étaient Boulogne et Dargent ! Je fus heureux de les revoir. Puis, nous entendons, lamentable, une plainte déchirante qui éclate au milieu de la sinistre plaine :

— A moi!... à moi!... disait cette voix que nous reconnaissions pour celle d'un de nos éclaireurs de Saône-et-Loire, un des vignerons de Chagny, superbe garçon de vingt ans, gai, bon enfant, qui nous rassemblait le soir et nous charmait avec le répertoire de Pierre Dupont qu'il chantait avec toute son âme, d'une voix chaude et bien timbrée. Me laisserez-vous mourir seul?

Nous nous approchons; ses gémissements nous arrachaient le cœur. Déjà ses forces s'épuisaient. A notre question :

— Où es-tu blessé? il n'avait pu répondre. Nous essayâmes de le soulever. Mais quand on lui toucha l'épaule, il poussa un cri. De même pour la jambe, qui nous parut être brisée. Il avait aussi une blessure à la tête, et le sang qui s'en échappait lui avait maculé le visage. Il nous fut impossible de l'emporter. Nous étions à découvert, de tous côtés on nous apercevait, nous nous serions fait prendre sans réussir à le sauver. Il ne nous fut possible que de le mettre à l'abri derrière un petit monticule surmonté d'une haie, nous promettant de venir, au matin, lui porter secours si la chose était possible et nous le quittâmes avec, dans le cœur, l'amertume d'un profond regret.

A ce moment, il pouvait être dix heures et demie. De loin, nous vîmes s'avancer une masse sombre. C'était le renfort envoyé par M. Gély. Il était bien temps ! Quelques balles furent échangées entre cette troupe et le corps prussien. Nous faillîmes être pris entre deux feux !

A Danjoutin, nous retrouvâmes les débris de la compagnie. Pichon fit l'appel : sur cinquante, nous en avions laissé dix-sept. J'eus le grand bonheur de retrouver mon escouade presque au complet : Loye, Gambey, les autres. Il ne manquait que ce pauvre Bourgeois que nous avions laissé dans la plaine blanche entre Danjoutin et le Bosmont (1).

(1) J'ai su depuis qu'il avait été relevé et bien soigné

*
* *

Toute la nuit, nous errâmes dans les rues de Danjoutin, sans un abri, sans rien pour nous reposer. J'étais harassé de fatigue. Un lourd sommeil m'accablait que je ne pouvais surmonter. Je découvris enfin une échelle de poulailler qui me servit de couchette et je m'endormis sur ce peu confortable sommier.

Au milieu de tout cela, qu'était donc devenu notre lieutenant? On ne l'avait plus revu. Nous n'avions plus de vivres : nos sacs, nos couvertures, nos toiles de tente étaient restés au Bosmont, et personne ne songeait à pourvoir à nos besoins.

par les Allemands, qu'il avait été envoyé à Magdebourg où il avait dû subir l'amputation et qu'il était mor des suites de son opération.

Alors l'état d'exaspération où nous étions, notre colère excitée par ce lâchage du lieutenant me firent faire la plus insigne folie qu'on puisse imaginer.

Entre tous les Éclaireurs, la rengaine à l'ordre du jour était celle-ci :

— Le lieutenant!... cet immonde lieutenant!... ce misérable lieutenant! ce salaud de lieutenant! ce sale officier! ce gueux qui abandonne sa compagnie en plein danger, qui se sauve à l'heure du combat!

Notre indignation ne connaissait plus de bornes. L'idée nous vint de rédiger une plainte contre lui, d'exposer au Commandant que nous formions une compagnie animée des meilleurs sentiments, du patriotisme le plus élevé, que tous nous étions remplis de courage, que la Patrie pouvait compter sur nous, mais qu'il nous fallait un chef, que le capitaine Arnal étant malade, il fallait remplacer le lieutenant lâche et incapable. Et nous énumérions toutes ses sottises. Je ne me les rappelle plus en détail, après trente-cinq ans, mais il y en avait toute une kyrielle. On décida, comme j'avais pris une part importante à ce combat du Bosmont, que j'irais moi-même porter cette lettre, signée de tous les Éclaireurs, au Commandant Gély.

*
* *

Je m'y rendis sur-le-champ. Les jours étaient courts en cette saison. Bien qu'il ne fût pas plus de cinq heures du soir, il faisait nuit close quand je me présentai à la petite maison qu'occupait notre commandant, à côté du pont de Danjoutin. Il était fatigué et déjà couché. A la lueur tremblotante d'une bougie qu'allumait son ordonnance, je le vis émerger d'une sombre et profonde alcôve entourée de boiseries grises d'où pendaient des rideaux de cretonne camaïeu à personnages où se répétait à l'infini l'éducation d'Achille par le centaure Chiron.

Le tableau que j'avais sous les yeux était fantastique : la tête ravagée du commandant, le trou noir de son œil absent, avaient quelque chose de macabre et d'impressionnant.

Dans un mouvement qu'il fit pour se rapprocher de la bougie, la table de nuit fut ébranlée, le chandelier vacilla, l'œil de verre qui trempait dans une tasse faillit tomber par terre et fut rattrapé par l'ordonnance qui s'agenouilla ensuite pour éponger l'eau qui coulait à travers la chambre.

L'accueil du commandant fut bienveillant. Il me fit quelques banales promesses et je sortis satisfait. Loye et Gambey, qui m'avaient accompagné, partageaient mon optimisme. Nous rentrâmes triomphants près de nos camarades.

Nous passâmes encore cette nuit à la belle étoile. Le lendemain, les débris de notre 45ᵉ furent envoyés à Pérouse où nous devions attendre de nouvelles instructions.

*
* *

Nous nous trouvions avec plaisir à Pérouse. Il y avait là une petite auberge qui nous avait été hospitalière. La compagnie s'étant cotisée pour fêter le succès — dont nous ne doutions pas ! — de notre pétition, nous avions porté nos rations de pommes de terre à l'auberge où l'on allait nous les rendre, moyennant quelques sous, frites et dorées comme à la Foire de Saint-Cloud.

Nous étions très nombreux, serrés à étouffer, dans la petite salle de l'auberge, nous disposant à manger les bonnes « frites » en buvant à la santé du commandant Gély et à l'effondrement du lieutenant Courriol, lorsque parut, à la porte de l'auberge, la longue silhouette d'un sergent de la 6e compagnie, en garnison aux Basses-Perches.

— Caporal Poilay ?

— Que me voulez-vous ? Entrez, asseyez-vous !

— Je voudrais vous parler.

— Eh bien ! parlez.

— Non, je voudrais vous parler en particulier.

— Parfait ! Mais attendez que nous ayons dîné, et faites comme nous, voici une place, mettez-vous à table.

— Non, je vous en prie.

Alors, je me levai, mais tous mes camarades s'écrièrent :

— N'y allez pas, Poilay, ne bougez pas ! c'est un tour du lieutenant. Et vingt de mes camarades se disposaient, qui à me faire un rempart de son corps, qui à désarmer le sergent et les quatre soldats qui lui faisaient escorte.

Je priai mes amis de se calmer, bien persuadé qu'il y avait la main du lieutenant dans tout cela, mais trouvant aussi que cette riposte était de bonne guerre. Les assurant que j'étais, malgré tout, sans aucune crainte, je leur serrai la main.

Comme s'ils ne devaient plus me revoir, plusieurs m'embrassèrent avec effusion. Puis, avec mes gardiens, je pris le chemin des Perches.

*
* *

La route est longue de Pérouse aux Basses-Perches. Comme le disait le sergent, elle ne fut « pas agréable à faire » ce soir-là. On aurait dit que toutes les batteries ennemies étaient déchaînées. Quelle canonnade! A chaque instant, mes gardiens avaient le nez dans la neige. J'aurais eu beau jeu à leur expliquer ma théorie de l'inutilité du salut à l'obus.

En ce moment, j'étais tout à l'émotion du retour près de mes amis Georges et Leroux. Comment allais-je les retrouver? Que de choses nous aurions à nous dire! Je les rencontrai à la porte des Basses-Perches où, sans crainte des obus éclatant autour d'eux, ils étaient venus pour me recevoir un moment plus tôt.

Je trouvai mon pauvre Leroux extrêmement nerveux, ne pouvant imposer silence aux inquiétudes qu'il avait à mon endroit. Les questions se pressaient sur ses lèvres.

— Qu'as-tu fait? Dans quel cas t'es-tu mis? Si tu savais ce qu'on raconte!

Georges cherchait à le calmer. Ils me conduisirent au capitaine Duplessis.

Le capitaine m'arrêta dans les explications que je voulais lui donner.

— Ne me dites rien! J'aime mieux ne rien savoir. C'est au commandant Livergne que vous aurez à exposer les faits. Vous irez le voir demain matin à huit heures. En attendant, reposez-vous.

Et, me rappelant :

— Ah! écoutez-moi : un conseil, dans votre intérêt. Votre ami Leroux m'a demandé la permission de vous accompagner chez M. Livergne. Moi, je veux bien la lui donner, mais je vous engage à y aller seul. Votre ami est trop surexcité, trop exubérant, il compromettrait votre cause.

*
* *

En effet, le lendemain je me rendis seul aux Hautes-Perches, — c'est-à-dire « seul avec mon sergent de garde et mes quatre baïonnettes » — et toujours sous la même pluie d'obus, car ces maudits Prussiens ne s'arrêtaient ni de jour ni nuit.

Je fus introduit dans la casemate du capitaine-adjudant major. Il m'interrogea avec bonté, me fit raconter tous les épisodes de l'affaire de Bosmont, voulut connaître par le menu les griefs des Éclaireurs contre le lieutenant.

— Tout cela, dit-il, c'est fort bien ! Oui, je comprends votre irritation. Je l'excuse parce que vous n'êtes soldat que depuis la guerre et que vous n'avez pas été dressé à la sévère discipline. Où en serions-nous, si tous les soldats faisaient comme vous ? Le cas de ce lieutenant n'est pas isolé. Alors, il n'y aurait plus d'obéissance possible, si chaque soldat, ayant à se plaindre, pétitionnait à l'autorité supérieure. Vous avez cent fois raison, mais vous avez une fois tort, et cette seule fois pèsera plus que toutes les autres dans la balance du code militaire. En somme, vous êtes le pot de terre contre le pot de fer. Il ne faut pas vous dissimuler que le cas est grave. Savez-vous comment est formulée la plainte du lieutenant contre vous ?... Voici, je passe les préliminaires et j'arrive au fait : « *pour avoir excité au désordre dans une compagnie d'Éclaireurs et ameuté la dite compagnie contre le lieutenant et cela devant l'ennemi* ».

Vous rendez-vous compte de la situation où vous vous êtes mis? Avez-vous lu quelque fois le code militaire, et savez-vous de quoi sont punis les faits dont vous êtes accusé?

Enfin, ne vous tourmentez pas outre mesure. Je vais descendre au Conseil, j'y rencontrerai le capitaine Aillet. Je sais combien il s'intéresse à vous, et, à nous deux, ce sera le diable si nous ne trouvons pas un moyen de vous tirer de là.

Attendez-moi ici, aux Hautes-Perches. Allez, avec vos gardiens, vous chauffer au poste, je rentrerai à midi.

Jusque-là, le temps me parut long. Combien je respirai, quand je vis rentrer ce bon monsieur Livergne la figure épanouie, le sourire sur les lèvres.

— Eh bien, me dit-il, ça n'a pas été aussi difficile que je croyais. Aillet a trouvé un joint. Nous avons changé les motifs de la plainte et, au lieu de ce qu'il y avait et qui était de nature à vous faire fusiller, nous avons mis : « *Pour avoir présenté une pétition sans avoir suivi la voie hiérarchique.* » Vous en êtes quitte pour quinze jours de prison, — que vous ne ferez pas. Allez-vous-en aux Basses-Perches et faites-y votre service ; mais ne vous montrez pas en ville, car vous êtes censé en prison.

Vous jugez avec quelle émotion je remerciai cet excellent M. Livergne et dans quels termes reconnaissants j'écrivis au capitaine Aillet ! Mes camarades me disaient :

— Vous leur devez une fière chandelle !

Moi, je savais que je leur devais la vie, car, en admettant même que je n'eusse pas été condamné à mort, j'aurais fait connaissance avec la Compagnie de discipline, et quand je pense au chagrin qu'auraient éprouvé mon père et ma mère, mon cœur se fond de reconnaissance pour ces deux officiers.

Mais quelle haine s'amassait en moi contre ce misérable petit lieutenant. Je ne pouvais rien contre lui maintenant, mais, la guerre finie, quelle paire de soufflets je comptais lui appliquer.

Je n'ai pas eu cette peine. Moins de huit jours après les faits que je viens de raconter, il était dans un auberge de Pérouse avec deux de ses amis de Lyon : un obus tombe sur la maison, qui le tue net, en même temps que la fille de l'aubergiste, et blesse ses deux compagnons.

Ma vengeance fut donc plus complète que je le voulais. Il est vrai que ce n'est pas moi qui m'en étais chargé.

IV

SOUS LES OBUS

Dans ce fort des Basses-Perches, j'étais donc revenu attendre l'obus sans pouvoir riposter. Je le retrouvai horriblement saccagé, notre pauvre fortin! La plupart des pièces étaient démontées. Les embrasures n'étaient plus que des espaces béants. Des brèches partout et, dans l'intérieur, pas une place large comme la main qui ne fût jonchée d'éclats de projectiles.

Il y avait de nombreux vides dans les rangs de mes premiers camarades. Les récits de ce qui s'était passé en mon absence semblaient un chapitre nécrologique.

Dans les casemates, les conversations étaient lugubres. Il n'y avait pas de jour que quelque convoi funèbre ne s'acheminât vers le cimetière ou vers l'hôpital, ce qui revenait au même, car pas un soldat ne sortait de cet hôpital. Ce qu'on en racontait était terrifiant. Aucune hygiène. On manquait même de matelas. La légende prétend qu'ils blindaient la casemate du colonel Denfert, mais je ne crus jamais la chose possible. Des sacs de farine, passe encore, — nous en avions en abondance, — mais les matelas des blessés, je me refusais à le croire. Toujours est-il qu'on en manquait absolument. Comme les dépôts de fourrages avaient été brûlés, il n'y avait pas de paille non plus. Les blessés gisaient donc sur le sol nu au milieu des détritus — et quels détritus ! — imparfaitement balayés, faute de personnel. Ajoutons que les rats évoluaient au milieu de ces horreurs comme en pays conquis.

On me citait ce fait. Plusieurs Mobiles du Haut-Rhin avaient été réclamer le corps d'un de leurs compatriotes pour l'inhumer dans le cimetière municipal. Un infirmier leur indiqua qu'il se trouvait à l'extrémité d'une galerie.

Ils cherchent, ne trouvent rien, reviennent à l'infirmier qui insiste :

— Je vous dis qu'il est là-bas, au bout, c'est l'avant-dernier !

— Non, ce n'est pas lui ! Notre ami a été blessé au côté et celui que vous nous montrez l'a été à la tête.

— Ah ! c'est à cause qu'il a la figure

endommagée. Ce n'est pas le canon qui a fait ça, *c'est les rats* (sic).

En effet, les rats avaient dévoré la figure du malheureux mobile et l'avaient rendu méconnaissable.

Les blindages de cet hôpital, tant mal que bien, le garantissaient des projectiles, mais ils interceptaient l'air, et la fièvre putride enlevait tous les blessés. Pas une amputation ne réussit.

On s'étonnait du manque de surveillance et de l'inertie des autorités supérieures.

On pensait que le colonel Denfert avait peur et n'osait sortir de sa casemate.

— Bien! disait-on, qu'un commandant de place observe certaines précautions, qu'il ne s'expose pas aux avant-postes, mais il y a des devoirs auxquels il est tenu. Il doit précisément surveiller les hôpitaux, visiter les blessés et se montrer en ville pour relever le courage de la population. De cela, il ne fait rien!

Ce que l'on racontait de la misère régnant dans les caveaux de l'église était à faire dresser les cheveux. Des centaines d'êtres humains gisaient, là, dans une obscurité profonde. Ils s'arrachaient les maigres rations de vivres que faisait distribuer le maire. Les plus forts prenaient la part des faibles. Des individus mouraient et on ne s'apercevait de leur mort qu'à l'odeur du cadavre.

On rendait justice au maire M. Mény, qui multipliait ses efforts pour adoucir les souffrances de la population, payait de sa personne et visitait les pauvres gens. Mais que pouvait-il à peu près seul, devant les immenses misères qu'il y avait à soulager?

Les Suisses, nos excellents voisins, émus de compassion en présence des souffrances — qu'ils devinaient, — des malheureux Belfortains avaient demandé au général Von Treskow de laisser sortir les vieillards, les femmes et les enfants.

La réponse du général se fit attendre fort longtemps. Finalement, elle fut négative.

*
* *

La mortalité devenait très grande au fort des Perches. On s'étonnait que les Compagnies du 45ᵉ ne fussent pas relevées de ce poste si exposé, comme il était d'usage. On se rappelait les mots attribués au Commandant Supérieur :

— Le 45ᵉ ne rentrera jamais en ville.

On commentait la mesure étonnante par laquelle, enlevant M. Gély à son bataillon, il l'avait pour ainsi dire exilé à Danjoutin dans un poste extrêmement dangereux, sans les moyens de s'y fortifier, poste destiné à succomber inévitablement. On voulait voir, là, une manœuvre destinée à faire tomber sur un ennemi la responsabilité d'une chute dont on pouvait presque calculer l'heure prochaine.

En attendant, la 5ᵉ Compagnie était plus que décimée dans son poste immuable. Ses pauvres soldats trouvaient dur de payer pour un autre et d'être les victimes du caractère vindicatif du colonel Denfert.

J'échappai à plusieurs reprises à une mort certaine de façon si étonnante que cela tenait du prodige. Pendant mon passage aux Eclaireurs, j'avais été épargné par les balles comme si un pouvoir magique m'eût protégé. Par exemple, le soir du Bosmont, quand, tenu pour mort, je pus échapper aux Prussiens qui m'entouraient, mon évasion fut vraiment extraordinaire. Mais voici mieux encore.

Un jour, le caporal Saunier, au moment où j'allais prendre la garde, vint à moi, et me dit :

— J'apprends qu'un de mes « pays » du 84ᵉ a reçu, par un contrebandier, des nouvelles de ma famille. Il m'attend demain pour me les communiquer, mais demain c'est mon tour de garde. Veux-tu que je te remplace aujourd'hui et tu prendras mon tour demain ?

Je déposai mon fusil, mon sabre et mon ceinturon et le laissai partir à ma place.

Le poste se tenait dans cette poudrière inachevée dont j'ai déjà parlé. On y était fort mal. Pour se réchauffer, il n'y avait d'autre ressource que d'allumer du feu à l'intérieur comme dans une hutte de sauvage. Or, ce feu, presque toujours de bois très humide, dégageant une fumée intense, deux seules places étaient possibles : celles de l'entrée, à droite et à gauche, où se tenaient le sergent et le caporal.

Évidemment, j'aurais pris celle-ci, sur laquelle s'installa le caporal Saunier. Il y était depuis quelques instants, lorsqu'un obus éclate à la porte de la poudrière et lui fait deux légères blessures : l'une, dans la rotule droite ; l'autre, à peine perceptible, au cou. C'est cette dernière qui lui donna la mort, puisqu'elle avait pour cause la capsule en cuivre de l'obus. Après vingt-quatre heures de souffrances, le pauvre garçon fut enlevé par le tétanos. Il est certain que cette blessure m'était destinée.

Un soir, j'étais couché dans la casemate. Au bout des planches qui me servaient de lit, vient s'installer Mouilleseaux, l'éclaireur qui nous entraînait à déserter après l'affaire du fusil refusé par Denfert.

Mouilleseaux étant de garde, je lui dis :

— Que fais-tu là ? Tu vas encore te faire attraper par le lieutenant.

— Je m'en f.... du lieutenant. Au poste, il fait un froid de chien ; ici, il fait bon : je viens me chauffer.

Il était assis à mes pieds : une de ses jambes pendait et il tenait l'autre surélevée, ses deux mains croisées au-dessous du genou, le menton appuyé sur ce genou.

Un obus vient frapper obliquement la casemate, juste dans ma direction. S'il n'avait pas trouvé d'obstacle, il me fut arrivé en pleine poitrine : mais Mouille-seaux me masquait. Un fragment du projectile qui me menaçait, le frappant juste au-dessous du genou, me laissa complète-ment indemne. Le pauvre garçon m'avait servi de bouclier.

Un jour, je conduisais à la citadelle la corvée du pain. En monome, nous gravis-sions une des petites ruelles étroites et raides comme un escalier. Je tenais la tête. En route, je rencontre un de mes amis des éclaireurs. Pour échanger avec lui quel-ques mots, j'abandonne ma place de tête et me trouve à l'autre extrémité, tout en bas de la file. Arrive un obus qui passe au-dessus de nous et rase la tête du premier, juste à la place que je devais occuper.

Je borne là ces témoignages d'une sorte de protection inouïe qui m'a sauvegardé d'étonnante façon pendant toute la campagne, protection qui semble s'être attachée aussi à mes deux amis, car il est bien curieux que, malgré les dangers encourus à toute minute, aucun de nous n'ait été blessé. Il n'y a pas à objecter que le service nous était allégé. A la fin du siège, les dix caporaux de l'escouade étaient réduits à cinq, dont nous trois. Il y avait alors un service des plus fatigants, on ne se reposait qu'une nuit sur cinq, et nous avons supporté tout cela.

*
* *

Parmi ces tristes scènes de la vie militaire, il en est une qui m'a laissé, dans le souvenir, une profonde et pénible impression. Je venais de prendre la garde et je relevais les factionnaires. J'allais placer le nº 1, un jeune Alsacien, nommé Sick, grand, mince, blond, la physionomie douce, presque imberbe. Celui qu'il devait remplacer gisait dans une mare de sang. C'était à l'endroit le plus exposé, à l'angle du fort, en vue de la terrible batterie d'Essert qui nous a fait tant de mal. On avait mis là une pièce énorme, une pièce de 36 qui allongeait son grand cou au-dessus du parapet et fournissait aux artilleurs ennemis un incomparable point de mire.

Dès le premier jour, ils l'avaient descendue de son affût et elle n'avait jamais tiré, mais elle restait toujours là comme pour les narguer. Elle leur servait de cible et ils la criblaient du matin au soir. Le soldat dont je faisais enlever la dépouille n'était pas la première victime de ce poste dangereux.

Sick me dit tout tremblant :

— Caporal, ne me mettez pas là !

— Mais, mon pauvre ami, où veux-tu que je te mette ?

— Ici, tout près, caporal, la place est aussi bonne, on observe tout aussi bien, et elle offre moins de danger...

Je ne pouvais prendre cela sur moi. J'en référai au sergent et, pendant que j'allais le consulter, j'autorisai mon factionnaire à se tenir à la place convoitée.

Le sergent ne pouvait rien de plus que moi. Il m'engagea à m'adresser au Commandant du fort, le capitaine du génie Brunetot.

Je me dirigeai vers sa casemate. Je lui expliquai le cas, lui racontai la mort du précédent factionnaire, la terreur du suivant et m'efforçai de lui démontrer que l'emplacement voisin présentait les mêmes avantages tout en étant moins dangereux. M. Brunetot, petit homme sec, nerveux, l'œil dur, me montra du doigt un plan accroché au mur.

— Vous savez ce que c'est, n'est-ce pas ?

— Oui, mon commandant, c'est le plan du fort.

— Donnez-le moi. Vous connaissez ces points rouges, de place en place ?

— Oui, mon Commandant, ce sont les places des factionnaires.

— Eh bien ! c'est à ces places mêmes que vous devez les poser et non à d'autres.

Je sortis la tête basse et bien désolé. Sick devina la funeste décision.

— Caporal, je vous en supplie !... Laissez-moi ici !

— Hélas ! mon pauvre ami, l'ordre est formel, c'est là qu'il me faut te placer.

J'étais navré, mais que faire ? La dure consigne ne me permettait pas d'hésiter.

— C'est à la mort que vous m'envoyez !

J'aurais préféré prendre sa place !...

Quel sacrifice à la discipline je fis ce jour-là !

Enfin, le malheureux prit sa faction ; je le quittai pour continuer ma ronde et m'éloignai sans oser tourner la tête.

Un horrible fracas retentit à mes oreilles, puis un long gémissement. Je revins sur mes pas, Sick était étendu sur le sol. Le sang s'échappait à gros bouillons d'une horrible blessure : un obus lui avait enlevé la jambe gauche, fractionnant net, avec la cuisse, son sabre-baïonnette.

J'ai vu bien des blessures, bien des morts affreuses, mais je ne crois pas avoir été autant impressionné que par la mort de ce malheureux garçon.

Mort? Il ne l'était pas encore. Je cherchai même à le rassurer sur les suites.

— Tu iras à l'hôpital ; tu seras bien soigné.

— L'hôpital ? Vous savez bien qu'on n'en revient pas !

Ce sont peut-être les derniers mots qu'il ait prononcés. J'usai le peu de perchlorure de fer qui me restait, essayant vainement d'arrêter le sang. Quand arriva le major, il n'était plus temps.

Je retournai chez M. Brunetot :

— Mon Commandant, j'ai placé le factionnaire où vous m'avez dit. Il y est mort. Où faut-il mettre le troisième ?

Il me lança un coup d'œil foudroyant et me tourna le dos, furieux, sans répondre.

Combien je regrettai de n'avoir pas pris plus tôt la décision dont alors j'assumai la responsabilité. Non, je ne remis pas le troisième à cette place et... personne n'y fit attention !

Deux de mes collègues, le caporal Roussel et le caporal Léraud, succombaient dans cette même semaine.

Léraud, légèrement blessé en apparence, alla finir à l'hôpital.

Roussel fut frappé d'un éclat d'obus à la

cuisse et au ventre. Il était près de moi et venait de me raconter qu'un contrebandier se disposant à franchir les lignes ennemies, il avait préparé, pour la lui remettre, une lettre à sa fiancée. Il se vit frappé mortelle-ment et rassembla ses forces pour me dire :

— Prends ma lettre ; envoie-la !

A la place de sa poche, il n'y avait plus qu'un amas de chair à vif et de chiffons san-glants.

— Ne la trouves-tu pas ? insista-t-il.

Son regard prêt à se clore me poursui-vait : il voulait voir « sa lettre ». J'usai d'un subterfuge. J'avais, moi aussi, une lettre dans ma poche. Je la saisis et la lui montrai, en disant :

— La voilà !.

Il ferma les yeux... il avait eu cette der-nière satisfaction.

*
* *

Le service devenait de plus en plus dur. La relève des factionnaires était extrêmement fatigante. On avait augmenté le nombre de ceux qui gardaient l'extérieur. Les rondes étaient des plus pénibles dans cette neige où nous enfoncions jusqu'aux aisselles.

Un soir, j'étais à bout de forces et je tombais à chaque instant dans la neige. Seul, j'y serais resté : mes compagnons me relevèrent et me soutinrent. Mais il arriva qu'à la fin mes jambes refusèrent tout service. Il fallut me rapporter à la casemate.

Au matin, le major fit sa tournée et me donna un billet d'hôpital, section des varioleux.

Je vois encore — comme je le percevais à travers ma fièvre — le désespoir de Leroux et de Georges. Tous deux auraient voulu m'accompagner : le service ne le permettait pas. Georges descendit avec moi. Il voulait me conduire chez madame Anselme, mais je refusai, dans la crainte de porter la contagion dans sa maison. Il entra seul, pendant que je l'attendais à quelques pas dans la rue. Au bout d'un instant, il sortit suivi de madame Anselme.

— Allons, entrez, me dit-elle, que faites-vous ici, au froid, les pieds dans la neige ? Vous voulez donc vous tuer ?

— Mais c'est inutile, chère madame. Il serait dangereux, pour vous et les vôtres, que j'entre dans votre maison. Je dois me rendre sans retard à l'hôpital.

— Plus souvent que je vous laisserai aller à l'hôpital ! Vous savez comment on en sort de l'hôpital !... Vous allez rester chez moi. Nous vous soignerons comme nous pourrons. Vous serez toujours mieux que dans cet hôpital !

— Mais c'est impossible, les soldats malades n'ont pas le droit de se faire soigner en ville. Si je restais chez vous, je serais considéré comme déserteur.

— Ce n'est que cela ? Il vous faut une permission ? Je vais l'avoir ! Je connais votre capitaine, M. Aillet. J'irai le trouver et je saurai bien obtenir de lui cette permission !

Et la courageuse femme, bravant la pluie d'obus qui faisait rage, courut au bureau du capitaine pendant que son père et une vieille bonne m'approchaient du poêle et m'enveloppaient de couvertures.

*
* *

Madame Anselme revint très vite. Elle avait prévenu son médecin qui nous rassura sur la maladie « de caractère bénin », nous dit-il. On s'occupa de mon installation, ce qui n'était pas chose facile. La seule pièce encore habitable au rez-de-chaussée était une espèce de soupente formée par la cage de l'escalier. Toute la famille couchait dans les divers compartiments de la cave. De plus, cette cave était encombrée de tous les meubles qu'on y avait emmagasinés au fur et à mesure de la destruction de la maison. En entassant les chaises et les fauteuils sur les commodes et les tables, on gagna la place d'un matelas sur lequel je m'étendis tout fié-vreux.

Avec quelle bonté je fus soigné, de quelles attentions je fus entouré, c'est ce que je n'oublierai de ma vie.

La médication fut sommaire et se com-posa presque exclusivement de tilleul bien chaud que m'apporta madame Anselme.

Pendant toute ma maladie, je restai dans une obscurité complète. Seule une porte entr'ouverte sur un compartiment voisin laissait filtrer assez de clarté pour guider les pas de mon excellente garde-malade.

A tout instant, mon repos était troublé par la chute des projectiles. Vingt-sept tombèrent sur la maison, deux d'entre eux allumèrent des incendies, heureuse-ment vite éteints. Je croyais que nous res-terions sous les décombres du logis. Dans mes rêveries de malade, je me demandais lequel serait préférable d'être écrasé par les voûtes ou asphyxié par l'incendie.

Mais, le pire des supplices fut l'invasion des rats. Il y en avait, il y en avait, dans cette cave! Je les entendais marcher par troupes. Comme mon matelas était par terre, leur armée me passait sur le corps. Je les sentais venir et je me mettais sur la défensive. A grands coups d'oreillers, je tâchais de les dissiper. Je m'étais fait donner un bâton, mais, dans l'ardeur que je mettais à me défendre, c'étaient surtout mes pauvres jambes qui recevaient les coups.

*
* *

Au milieu de ces péripéties, ma guérison s'avançait. Le docteur prétendait que la rapidité avec laquelle je me tirais d'affaire était due surtout à l'obscurité dans laquelle j'étais plongé.

De temps à autre, une visite m'arrivait. C'étaient Georges ou Leroux qui venaient me donner des nouvelles. Tout un grand jour, le bombardement cessa : l'armée de l'Est arrivait :

— Bourbaki est à nos portes ; il va faire une belle entrée ; les Prussiens ont déjà retourné leurs pièces ; vous vous lèverez pour voir cela, me disait madame Anselme. Déjà, on prépare tout pour l'entrée triomphale de l'armée de secours. A défaut de fleurs, on va sortir les tapisseries, les belles étoffes !

Hélas ! le bombardement recommençait le lendemain, plus violent que jamais, anéantissant les chères espérances si vite conçues et si vite évanouies.

J'appris aussi, dans ma cave de malade, la désastreuse prise de Danjoutin. Le commandant Gély avait été surpris et tous les défenseurs de cet avant-poste tués ou faits prisonniers. Qu'étaient devenus mes amis Loye et Gambay? J'étais anxieux d'avoir de leurs nouvelles et le désir d'en chercher moi-même hâta ma guérison.

Depuis plusieurs jours, je me levais et je sentais mes forces revenir.

*
* *

Enfin, le docteur me permit de sortir. Les larmes aux yeux, je quittai les excellents amis qui m'avaient si bien soigné et je pus remonter aux Perches, heureux d'y retrouver Leroux et Delafontaine. Mais combien de ceux que j'y avais laissés manquaient à l'appel!

Depuis la prise de Danjoutin et celle de Pérouse, de nouvelles batteries avaient ouvert leurs feux et le fort n'était vraiment plus tenable.

Le capitaine Duplessis, légèrement blessé, avait laissé son commandement au lieutenant Wahl qui était un inconnu pour moi.

Mes camarades me racontaient qu'il avait produit une fâcheuse impression. A peine arrivé, il s'était terré dans sa casemate et on ne l'avait plus revu. Rien n'était assez puissant pour l'en faire sortir, pas même les motifs auxquels nul ne résiste : le passage de son ordonnance, avec une pelle non parfumée à travers notre casemate, en témoignait sans conteste.

Cependant, ce lieutenant qui donnait ainsi prise à de fâcheux commentaires, allait faire preuve de courage et d'habileté. Il sauva le fort des Perches par un coup de merveilleuse audace.

*
* *

Le soir du 26 janvier, nous causions tristement. Nos pensées se reportaient vers
les chers nôtres dont nous n'avions plus de
nouvelles. Nous nous demandions quelle
allait être l'issue de cette horrible guerre.
Tiendrions-nous encore longtemps? L'approche de l'armée de secours et l'amère
déception qui s'en était suivie nous avaient
démoralisés. Tels étaient les sujets de
notre conversation lorsqu'un factionnaire
fait irruption dans la casemate :

— Aux armes !... aux armes !... le fossé
est noir de Prussiens !

Alors, avec nos amis, nous échangeâmes
un triste regard :

— Si seulement le capitaine Duplessis était ici !

Avec inquiétude nous regardions le réduit où notre lieutenant s'était enfoui.

A ce moment même, le lieutenant Wahl ouvre la porte toute grande et s'avance, revêtu de sa longue capote d'ordonnance, sanglé dans son ceinturon, le sabre au côté, avec une crânerie que nous ne soupçonnions guère.

— Nous sommes, nous dit-il, à une heure grave. L'ennemi nous croit à bout de force, démoralisés : il donne l'assaut. Montrons-lui que nous faisons bonne garde et que nous sommes dignes de la mission qui nous est confiée. Le fort des Perches pris par l'ennemi, c'est Belfort qui succombe : défendons-le jusqu'à notre dernière goutte de sang. Vous connaissez tous vos places de combat. Que chacun s'y rende sans bruit. Marchez à plat ventre, qu'on ne puisse vous apercevoir du dehors. Quoiqu'il arrive, restez immobiles à votre poste jusqu'au signal que je vous donnerai.

Le lieutenant nous paraissait transfiguré. Il était superbe dans sa haute taille. Nous étions comme secoués d'un frisson patriotique.

A pas de loup, dans le plus grand silence, nous traversâmes le fort pour arriver à nos places et nous restâmes à demi-couchés au bord du parapet.

De l'autre côté, dans le fossé même, un vague murmure se faisait entendre. Des ordres donnés à voix basse parvenaient jusqu'à nous. Quand nous relevions la tête, nous voyions passer des échelles dont les derniers barreaux nous apparaissaient et des perches surmontées de matières inflammables. Le grouillement d'une foule qui piétine sur place devenait de plus en plus distinct.

Soudain, à deux pas de nous, comme poussé par une force irrésistible, nous voyons le lieutenant s'élancer, d'un bond, sur le parapet.

Sa silhouette était saisissante. Dans le souvenir, j'avais le dessin de Brion pour l'illustration des *Misérables* : Javert, du haut d'un pont, se jetant dans la Seine. La longue capote du lieutenant me rappelait la grande redingote du policier, il avait son sabre sous le bras, comme Javert son bâton.

Dans la nuit noire, se détachant sur la neige blanche, ce fut une apparition prodigieuse.

S'adressant en allemand aux soldats qui remplissaient le fossé :

— Ah ! mes gaillards, leur dit-il, vous avez cru nous prendre sans défense; vous vous êtes trompés ! Nous sommes trois mille ici, et la porte par laquelle vous êtes entrés s'est refermée sur vous! Vous êtes nos prisonniers. Rendez vos armes ou vous êtes tous morts. Allons ! — et se

tournant vers nous, — debout vous autres !
et... en joue !

En moins de temps qu'il n'en faut pour
l'écrire, nous étions debout sur le parapet,
nos fusils braqués sur les Prussiens immobiles dans le fossé.

Chose inouïe, chose à laquelle nul ne
se serait attendu, les Prussiens nous ten-
dirent leurs armes que nous n'eûmes qu'à
prendre et à rejeter en arrière de nous.

— Maintenant, venez par ici.

Et il leur indiqua l'entrée du fort.

Cette tactique avait été probablement
concertée avec M. Brunetot, car celui-ci se
trouva, avec le reste de la petite garnison,
à côté du lieutenant Wahl, pour recevoir le
Commandant des forces prussiennes et lui
faire, ainsi qu'à sa troupe, les honneurs de
la forteresse. C'était le colonel de Reich-
toffen. Il parut étonné du petit nombre
d'hommes qui l'avaient défendue.

— Vous m'avez trompé ! dit-il.

— Reconnaissez, colonel, que c'est de bonne guerre.

Il voulut savoir comment il avait pu se trouver bloqué de cette façon dans un fossé sans issue.

Le commandant Brunetot lui expliqua que son attaque avait été préparée d'après les anciens plans des Perches, plans qui avaient été totalement modifiés par M. Denfert lorsqu'il prit le commandement supérieur.

— Votre service d'espionnage retardait, ajouta-t-il en riant.

Le nombre de nos prisonniers pouvait être de quatre ou cinq cents. Nous n'avions pas perdu un homme. Il n'y avait pas eu un coup de fusil tiré.

Quelques hommes bien armés furent commandés pour conduire en ville nos prisonniers.

Depuis quatre heures du soir, la canonnade sur les Perches s'était ralentie et, depuis l'heure probable de l'attaque, aucun coup de canon n'avait été tiré. Par contre, le bombardement faisait rage en ville et principalement sur le faubourg des Fourneaux par où l'ennemi supposait qu'on nous enverrait du renfort. Le trajet de nos prisonniers n'était donc pas sans danger pour eux. En effet, quelques obus éclatèrent dans leurs rangs et tuèrent ou blessèrent une dizaine d'hommes.

*
* *

Pendant ce temps, un assaut du même genre se livrait aux Hautes-Perches. Il fut entouré de péripéties fort différentes mais couronnées d'un égal succès.

L'altitude des Hautes-Perches gênait

considérablement le tir du château. Il était convenu qu'on n'y aurait recours qu'à la dernière extrémité et certaines pièces étaient pointées d'avance pour pouvoir tirer, en cas d'attaque nocturne, juste dans les fossés.

Ce signal fut donné avec un plein succès. Les Prussiens étaient à peine dans les fossés des Hautes-Perches qu'une pluie de fer et de feu tombait sur eux qui les mit dans le plus grand désarroi. Une sortie de la garnison acheva de précipiter leur fuite. Au-delà des glacis, sur la gauche, du côté de Pérouse où nous les poussions, ils ignoraient qu'une forêt de jeunes arbres avait été rasée à hauteur du genou, les arbres épointés et reliés entre eux par des fils de fer. Les malheureux s'empêtraient dans ces fils. Quelques-uns s'empalèrent pour ainsi dire sur les tiges épointées. Parmi les morts qu'on releva le lendemain, à côté de ceux tués par les balles ou les obus, on en trouvait qui n'avaient pas été touchés. Ils étaient morts, de peur peut-être ou de froid, car il fit terriblement froid cette nuit-là.

Je crois que cinq à six hommes furent blessés de notre côté, tandis que plus de 250 à 300 ennemis jonchaient les abords des Hautes-Perches.

Les Prussiens demandèrent à enlever leurs morts, ce qui leur fut refusé, mais nous offrîmes de nous charger de leur sépulture.

Une suspension d'armes fut convenue de six heures du matin à six heures du soir. Elle fut beaucoup trop courte. La terre gelée s'ouvrait difficilement sous la pioche. A six heures exactement, quand un coup de canon, prélude d'un violent bombardement, vint nous annoncer la fin de l'armistice, beaucoup de cadavres gisaient encore sur le sol. Ils y restèrent et furent la proie des loups et des corbeaux.

Les assaillants des Hautes-Perches devaient être des volontaires. Il y en avait de toutes armes, probablement de la Landwehr, car ils étaient généralement d'âge mûr et, pour la plupart, avaient les poches assez garnies. Presque tous nos soldats rapportèrent des montres d'or et d'argent, de majestueuses pipes au fourneau de porcelaine peinte et des bottes très confortables.

Les officiers fermèrent les yeux sur cette infraction que l'on punit ordinairement : nos pauvres soldats avaient enduré d'assez dures privations pour qu'on fît, en leur faveur, une légère entorse au règlement.

*
* *

Avec cet assaut des Perches se termine la série des faits saillants dont, après trente-cinq ans, je me suis souvenu. A quelques jours de ·là, nous vîmes arriver le capitaine Thiers, en tournée d'inspection. Il fit sortir notre petite garnison.

— Comment se fait-il, dit-il au commandant, que vous ayez des hommes en corvée à cette heure-ci? Vous savez pourtant que l'ordre est formel de n'ordonner de corvées que pendant la nuit depuis que l'ennemi s'est tellement rapproché qu'il voit nos moindres mouvements et peut atteindre nos hommes presqu'à coup sûr.

— Mon capitaine, je n'ai aucun homme en corvée.

— Comment donc, alors, sont-ils si peu nombreux? Faites l'appel!

On fit l'appel, et c'était lugubre d'entendre ce défilé : Roussel... mort — Bourniquel... mort — Sick... mort — Léraud... mort — Saunier... mort — Desrois... mort... — Serpinet... mort.

Bref, nous n'étions plus que 42 sur notre belle compagnie de 120 hommes.

— Depuis combien de temps êtes-vous ici?

— Depuis le commencement du siège, mon capitaine.

— Vous n'avez jamais été relevés?

— Jamais.

Nous vîmes pâlir le capitaine Thiers. Il fit un signe aux deux officiers d'Etat-Major qui l'accompagnaient, ils s'écartèrent un instant et causèrent avec animation; puis, revenant vers le capitaine :

— C'est bien, faites rentrer vos hommes.

Nous étions aux premiers jours de février. Des nouvelles circulaient habilement communiquées par les Prussiens. Elles annonçaient la capitulation de Paris et semaient de nouveaux ferments de découragement.

En même temps, le bombardement redoublait de violence. Des travaux d'approche s'exécutaient contre les Perches, et notre malheureux fort était dans un tel état qu'il était impossible de s'y maintenir. Ah ! les Prussiens n'avaient qu'à se présenter, nul ne leur en défendrait l'entrée. Nos principaux forts, la *Justice* et la *Miotte*, ne répondaient plus.

Enfin, le 3 Février, nous reçûmes l'ordre de déménager le matériel. Le 4, le 5, on rappela successivement quelques hommes et, le 7, ma compagnie rentrait la dernière en ville, escortant ce que nous avions pu emporter de nos canons.

Le lendemain, nous vîmes le drapeau allemand flotter sur ce fort où nos cœurs avaient tant battu, que nous aimions et dont l'abandon nous avait causé un si cruel déchirement.

*
* *

Le 13 février, le commandant supérieur avait fait afficher une insolente lettre de M. Von Treskow qui peut se résumer ainsi :

— Des meurtrières de votre casemate, vous pouvez voir les batteries que nous avons dressées sur les Perches et vous rendre compte du mal qu'elles peuvent vous faire. Si ce soir même vous ne m'avez pas rendu la ville, demain nous ouvrirons le feu. De votre citadelle, il ne restera pas pierre sur pierre et nous brûlerons Belfort jusqu'à la dernière maison.

Le Colonel, qui avait le génie des réponses sensationnelles, avait répondu :

— Brûlez !

Toute la ville l'approuvait.

D'autre part, il prévenait les habitants et la garnison qu'il fallait s'attendre à un bombardement encore plus énergique.

Les précautions qu'on aurait pu prendre eussent été inutiles : le soir même arrivait du Gouvernement de la Défense nationale la nouvelle de l'armistice et, aux troupes, l'ordre de *changer de garnison* (1).

(1) Je crois intéressant, pour mes lecteurs, de leur mettre sous les yeux une lettre écrite par mon ami Haensler à un rédacteur de l'*Express* de Mulhouse, lettre qui précise la question souvent controversée relative à l'évacuation de Belfort.

Mulhouse, le 8 janvier 1896.

Monsieur,

Dans les notes : *Mulhouse pendant la guerre de 1870-1871* que publie *l'Express*, vous dites : « 13 février : Belfort capitule, etc. ; 17 février : Les conditions de la capitulation de Belfort, etc. »

Belfort n'a pas capitulé.

Le 13 février, un premier parlementaire vint, dans l'après-midi, apporter une dépêche importante du général de Treskow se terminant par ces mots :

« Ce sera sur vous que retombera toute la responsa-
« bilité, dans le cas où vous me contraindriez à réduire
« Belfort en un monceau de ruines et d'ensevelir les
« habitants sous les débris de leurs maisons ».

Il était 6 heures du soir. A cette même heure, un dernier coup de canon éclatait à la Porte de France et tuait dix personnes.

La guerre était finie! Pendant deux jours, nous fûmes tout étonnés de n'avoir plus à nous garantir du bombardement. Le silence succédant au formidable bruit qui n'avait pas cessé pendant 73 jours et

Le premier parlementaire prussien avait à peine terminé sa mission qu'un deuxième apportait une seconde dépêche au commandant supérieur, signée Picard, ministre des affaires étrangères, contresignée Bismarck, ordonnant au commandant de Belfort de rallier le poste français le plus voisin.

Le télégramme n'avait pas force de loi pour le colonel Denfert. Avant de prendre une décision, il voulait encore consulter son Gouvernement.

L'article 2 de la convention préliminaire, signée par le capitaine du génie Krafft et par le capitaine d'état-major allemand de Schultzendorf, dit :

« Le colonel Denfert enverra, à Bâle, un officier chargé d'y attendre l'avis télégraphique du Gouvernement français ».

Le capitaine Krafft fut désigné. Le feu cessa le 13 au soir, *seize jours* après la signature des préliminaires de paix à Versailles.

Le 5, le capitaine Krafft revint de Bâle. Le colonel Denfert écrivit alors au général de Treskow pour lui

73 nuits, nous laissait inquiets. Il nous manquait quelque chose.

J'allai voir mes bons amis Anselme.

Pauvres gens, dans quelle détresse morale je les trouvai ! Les trois étages de leur maison écroulés, leurs meubles brisés, la

dire qu'il était prêt à obéir aux instructions du Gouvernement français et à lui remettre la place.

La reddition de Belfort était la conséquence non d'une capitulation, mais d'une convention motivée par des considérations puissantes librement consenties par des parties qui restaient en dehors des grands événements accomplis en France et qui devaient avoir pour base de leur transaction la bonne foi et l'équité.

Le Gouverneur de Belfort exigea que les troupes allemandes ne se trouvassent pas sur le chemin de la garnison de Belfort.

Les sentinelles furent relevées, le 18 février à midi, après le départ de la dernière colonne, et c'est un enfant de Mulhouse, Gustave Merklen, sous-officier du génie (qui si souvent se distingua pendant ce long siège) qui quitta le dernier la place avec le poste du fort de la Justice.

Denfert-Rochereau n'a pas capitulé et c'est à lui que la France doit d'avoir conservé Belfort.

Recevez, etc.

A. HÆNSLER,
ex-sous-officier du génie à Belfort.

clientèle disparue! Pour eux, c'était la ruine, l'effondrement.

Pendant la durée du siège, à l'heure du danger, ils avaient courageusement supporté les épreuves; maintenant, ils étaient anéantis. M. Boltz me dit :

— Je vous attendais, je voulais faire avec vous la première visite à ma petite maison!

— En avez-vous des nouvelles?

— Oui, jusqu'à la date d'hier ; les officiers qui sont partis ce matin m'ont dit que tout était bien.

Pauvre homme, quelle déception l'attendait! Dès l'entrée, sa maison offrait l'image de la désolation, la porte désemparée, les meubles brisés, les parquets arrachés pour en faire du bois de chauffage et, par-dessus tout — spectacle qui fit verser des pleurs au pauvre M. Boltz — ses livres, ses chers livres, épars, déchirés, jetés feuille à feuille dans le jardin, sur les fumiers!...

Adieu, les belles éditions de Molière, de Cervantès! Les pages de Montaigne, de La Bruyère, de Marivaux, déchirées, souillées!

Je n'arrachai qu'à grand peine le vieillard à sa triste contemplation : les souffrances du siège n'avaient rien été à côté de celles qu'il éprouvait.

La perte de ses chers compagnons s'effaçait elle-même devant l'ingratitude des amis à qui il avait confié la garde de ces trésors et qui l'avaient si cruellement trompé.

*
* *

Nous partîmes le 19 février, drapeaux au vent, nos canons et nos archives au milieu de nous, devant l'État-Major prussien rangé près de la porte de France et qui nous suivait d'un regard indéfinissable.

Un colonel vint se mettre à notre tête.

Un colonel! Nous avions un colonel? C'était bien à nous, ce colonel? Nous n'en avions jamais entendu parler! D'où sortait-il?... La réponse bien connue suivait cette question :

— De sa casemate!

Il s'appelait le colonel Marty.

Avec la commandature prussienne on avait réglé le service des étapes qui devaient être courtes en raison de la faiblesse des hommes anémiés par les souffrances de ce long siège. En effet, la première fut courte : 12 kilomètres. La seconde encore plus : 8 kilomètres jusqu'à Audincourt où nous eûmes *séjour*, c'est-à-dire 48 heures de repos (1). Repos relatif, à dire vrai, car

(1) Nous sûmes ensuite que cette brièveté des étapes avait été combinée pour laisser au colonel Denfert le

le jour même de notre arrivée à Audincourt, il fallut nous livrer au grand nettoyage d'armes, procéder au paquetage des sacs, à l'astiquage au grand complet. Le lendemain à 9 heures, sac au dos sur la place où s'élevait la maison du maire chez qui dînaient le colonel et plusieurs officiers.

*
* *

Nous nous attendions à passer la revue avant midi, pour être libres ensuite, mais il en fut décidé autrement. Ce fut seulement

loisir d'allonger les quelques heures à passer avec sa famille venue à sa rencontre à Montbéliard. Cela était fort bien et personne n'y eût trouvé à redire si les précautions avaient été mieux prises. Mais, faute d'une entente suffisante avec la commandature, cette mesure entraîna de graves complications. Elles pesèrent durement sur la longueur des marches qui en furent la conséquence.

vers deux heures de l'après-midi, alors que nous étions à moitié morts de fatigue et de faim, que nous vîmes apparaître les hôtes de Monsieur le maire.

Nos officiers descendirent sur les rangs, pendant que quelques dames, du haut du perron, contemplaient le spectacle.

Le colonel arrivait avec des intentions évidemment hostiles. Il commença par interpeller le lieutenant Wahl qui était en vareuse.

— Pourquoi cette tenue, lieutenant? On vous la tolérait en temps de guerre. Aujourd'hui, elle n'est plus de mise. Vous serez puni de huit jours d'arrêts.

— Mon Colonel, je dois vous dire que, après l'assaut des Perches, j'ai été envoyé à Bellevue où nous avons été attaqués par des forces supérieures et, dans cette affaire, nous laissâmes tous nos bagages.

Le Colonel proféra un sourd grognement et, avisant un soldat dont les vêtements

étaient, il faut le dire, dans le plus piteux
état :

— Qui est-ce qui m'a fichu un soldat
comme celui-là? Est-il assez dégoûtant!...
Pourquoi ne s'est-il pas nettoyé?

— Mon Colonel, nos soldats ont passé
75 jours aux Perches sans être relevés. Ils
ont couché dans la neige et dans la boue.
A la longue, la boue s'est comme incrus-
tée dans l'étoffe de leurs vêtements, de
façon qu'il n'y a pas de brosse qui puisse
l'en arracher.

— Et cela?... Et cela?... C'est de la boue
peut-être?

Il montrait le pantalon du pauvre soldat,
couvert d'une épaisse couche de graisse.

— Cela, mon Colonel, c'est de la graisse.
Ce garçon était de cuisine lorsqu'un obus
a renversé sa marmite dont le contenu est
tombé sur lui.

— Allons! c'est bien! vous avez réponse
à tout!... Mais, ce caporal!... En voilà des

cheveux!... Ne pouvait-il pas se mettre à l'ordonnance?

C'est de moi qu'il parlait. J'avais une tignasse énorme, toute frisée, bouffante et débordant mon képi.

— Mon Colonel, dis-je, je viens d'avoir la variole, je suis tenu à de grandes précautions et le docteur m'a défendu de me faire couper les cheveux.

— Est-ce vrai? demanda-t-il en se tournant vers le major.

— Oui, mon Colonel.

Je vis ce désagréable officier me tourner le dos et poursuivre la série de ses observations avec, je pense, le même insuccès.

*
* *

Je n'entrerai pas dans la suite de mes étapes dont le récit deviendrait fastidieux. Quelques-unes de ces étapes furent agréables, d'autres fort pénibles. Dans certaines villes, nous fûmes couverts de fleurs et d'acclamations. En d'autres endroits, nous vîmes les portes se fermer devant nous et d'affreuses mégères « chasser ces soldats français qui n'avaient pas su les défendre des soldats allemands et qui venaient piller ce que ceux-ci avaient épargné » (*sic*).

Enfin, nous arrivâmes dans la banlieue de Grenoble où nous passâmes, pendant les formalités de notre désarmement, quinze jours d'un repos délicieux, rendu charmant par le caractère hospitalier de la population.

Nous avions reçu des nouvelles de nos familles, nous savions que nous retrouverions les nôtres, plus ou moins épargnés par la guerre, mais au complet, et nous vécûmes ces quinze jours au milieu des gâteries dont nous comblèrent les habitants.

Nous rentrâmes à Paris le 20 mars, ne comprenant rien aux affiches du Comité révolutionnaire couvrant les rues de Paris.

J'étais rue Notre-Dame-de-Lorette, chez mon vieil ami Carjat qui avait voulu faire mon portrait en pioupiou, lorsqu'une balle crevant le vitrage tomba à mes pieds. C'était bien la peine d'avoir échappé à tant de dangers pour venir courir de pareils risques dans mon cher Paris. La manifestation de la rue de la Paix, celle où M. de Pène fut blessé, m'envoyait ce cadeau de bienvenue !

Je ne m'attardai pas à chercher qui avait raison, de Versailles ou de Paris. J'avais soif de repos ; je voulais revoir les miens, me reprendre à la vie de famille. Delafontaine resta près de sa mère à Paris et Leroux m'accompagna en Normandie. Il trouva, dans ma famille qui le connaissait et l'aimait, la tendresse et les soins qui pouvaient lui faire oublier les souffrances de la campagne.

Que de fois, dans nos promenades à travers champs ou au bord des grèves, dans la belle campagne normande, sous les pommiers en fleurs, nous avons revécu ces souvenirs que je viens de raconter ! Puis, les hasards de la vie nous séparèrent. Je suis venu en Égypte. L'atelier de Leroux se rouvrit à ceux qui restaient des amis d'autrefois. On put revoir Delafontaine, son carnet de boursier en main, sous le péristyle de la Bourse. Hélas ! la tourmente avait passé. Les amis étaient devenus rares et l'atelier bien triste. Georges avait perdu son entrain, et son esprit s'était détourné de la chanson ou du vaudeville. Leurs nouvelles, à tous deux, ne m'arrivaient plus qu'à de longs intervalles.

Dans ses lettres, Leroux se plaignait d'avoir, comme à Belfort, *froid dans les os ;* Georges attrapait bronchites sur bronchites... L'odieuse guerre qui semblait nous avoir épargnés, insensiblement achevait son œuvre et m'enlevait, avant que j'aie pu les embrasser une dernière fois, les amis si chers avec qui, sans jamais un désaccord, nous avions vécu la même vie, partagé les mêmes enthousiasmes, souffert des mêmes déceptions et dont la tendre et solide affection m'avait été un si grand réconfort aux heures de désespérance.

TABLE DES MATIÈRES

II

L'investissement.

III

Les éclaireurs.

ÉMILE COLIN ET Cie — IMPRIMERIE DE LAGNY

9 782019 954857